Annette Wolter

Nymphen sittiche

Alles über Anschaffung, Pflege,
Ernährung und Krankheiten

Mit Farbfotos der besten Tierfotografen
und Zeichnungen von Fritz W. Köhler

Gräfe und Unzer

Die Fotografen:
Bielfeld: Seite 9, 10; Coleman/Taylor & Burton:
Seite 53; Fischer: Seite 54; Reinhard: U 2,
U 4 l. o.; Wothe: U 1, U 4 r. o., unten, Seite 27,
28, 63, 64.

Umschlagvorderseite: naturfarbener Nymphensittich und Lutino
Umschlagrückseite: naturfarbener Nymphensittich im Flug (oben links), Naturfarbener und Lutino beim Drohen (oben rechts), Toni und Wutzi knabbern an der Kolbenhirse (unten).
Umschlagseite 2: Porträt eines naturfarbenen Nymphensittichhahnes mit besonders schön gefärbtem Gefieder.
Umschlagseite 3: Nymphensittichpärchen bei vertrauter Zwiesprache. Das Weibchen (rechts) ist am helleren Wangenfleck zu erkennen.

CIP-Kurztitelaufnahme der Deutschen Bibliothek

Wolter, Annette:
Nymphensittiche: alles über Anschaffung, Eingewöhnung, Ernährung und Krankheiten; [mit Sonderteil: Nymphensittiche verstehen lernen] / Annette Wolter. – 3. Aufl. – München: Gräfe und Unzer, 1984

ISBN 3-7742-5820-1

3. Auflage 1984
© Gräfe und Unzer GmbH, München
Alle Rechte vorbehalten. Nachdruck, auch auszugsweise, sowie Verbreitung durch Film, Funk und Fernsehen, durch fotomechanische Wiedergabe, Tonträger und Datenverarbeitungssysteme jeder Art nur mit schriftlicher Genehmigung des Verlages.
Redaktionsleitung: Hans Scherz
Lektorat: Susi Piroué
Umschlaggestaltung: Constanze Reithmayr-Frank
Satz und Druck des Textteils:
Buch- und Offsetdruckerei Wagner GmbH
Reproduktion und Druck der Farbbilder und des Umschlags: Graphische Anstalt E. Wartelsteiner
Bindung: Großbuchbinderei R. Oldenbourg

ISBN 3-7742-5820-1

Inhalt

Ein Wort zuvor

Von allen Lebewesen auf der Welt mag ich Vögel am liebsten. Ganz besonders haben es mir die Papageien angetan und alle, die zu ihrer Großfamilie gehören. Deshalb sagte ich auch damals gleich »ja«, als man mich bat, einen Nymphensittich in Pflege zu nehmen. Sein Besitzer war angeblich in einer Notlage und mußte dringend verreisen. Der Nymphensittich Koko wurde nicht mehr abgeholt, sein Besitzer hat sich nie wieder gemeldet. Koko hat seither Tag für Tag mein Leben bereichert, und er hat dazu beigetragen, daß ich die liebenswerten Eigenschaften der Nymphensittiche, ihre erstaunlichen Verhaltensweisen und ihren verträglichen Charakter besser kennen- und verstehen lernte.

In der ersten Zeit mit Koko erhielt ich oft unaufgefordert »gute Ratschläge« von angeblichen Vogelkennern: Sie reichten von Futter-Rationierung über striktes Wasser-Verbot, Entzug jeglicher Frischkost bis zur Aufforderung, den Vogel täglich zu greifen, um ihn handzahm zu machen oder gar die Zunge »lösen« zu lassen, damit er sprechen lerne. Gottlob habe ich die meisten dieser Empfehlungen nicht befolgt und mich lieber auf meine Beobachtungen und Erfahrungen mit Wellensittichen verlassen.

Das ist Jahre her. Inzwischen habe ich die Bekanntschaft vieler Nymphensittiche gemacht und fand meine ersten Eindrücke immer wieder bestätigt. Durch umfangreiche Korrespondenz mit anderen Vogelhaltern, in Gesprächen mit Tierärzten und Züchtern erfuhr ich wichtige Einzelheiten über Haltung und Pflege von Nymphensittichen, über ihre Krankheiten und vieles andere mehr. Das in vielen Jahren angewachsene Wissen ist in diesem Buch zusammengefaßt. Ich habe mich bemüht auf alles einzugehen, was im Zusammenleben mit einem Nymphensittich Probleme bringen könnte. Mit Ratschlägen über Alltägliches wie den richtigen Käfig, bekömmliche Ernährung, vernünftigen Umgang mit dem Vogel wollte ich den Auskünften »falscher Propheten« begegnen. Aber auch Ausnahmesituationen wie Krankheit, Erste Hilfe bei Unfällen oder das Problem »Nymphensittich und andere Haustiere« sind hier ausführlich besprochen. Für alle, die ein Pärchen halten und sich Nachwuchs wünschen, habe ich beschrieben, was beim Züchten zu beachten ist und wie man die Vögel auf die Familiengründung vorbereitet. Und weil jeder Nymphensittichfreund möglichst viel vom Verhalten dieser Vögel wissen sollte und von ihrem Leben in der australischen Heimat, habe ich dies alles noch einmal im Sonderkapitel »Nymphensittiche verstehen lernen« zusammengefaßt. Ich hoffe von Herzen, daß die Ratschläge dieses Buches bei den Nymphensittichliebhabern gut ankommen, und ich wünsche mir, daß vielen Nymphensittichen dadurch ein schöneres Leben mit genügend Zuwendung und Verständnis beschert wird.

Ihre Annette Wolter

beim männlichen Albino leicht gelb, beim weiblichen kräftig gelb. Sie haben hellgraue Füße, rote Augen und wirken wie ein Miniatur-Gelbhaubenkakadu.

● Ebenfalls weißes Grundgefieder, aber mit blassen gelben Farbtönen und großen schwarzen Augen haben Nymphensittiche aus andersartigen Kreuzungen. Diese Vögel wirken fast noch prächtiger, da die schwarzen Augen bestechen, doch sind sie keine reinen Albinos.

● In der Sprache der Züchter werden Albinos, deren weißes Grundgefieder gleichmäßig von zarten Gelbtönen überlagert ist, als *Lutinos* (luteus lat. gelb) bezeichnet.

● Außerdem gibt es noch *geperlte* Nymphensittiche, sie sind heller als die wildfarbenen und zeigen auf den Flügeldecken deutliche weiße oder gelbe Tupfen, auf Bürzel und Flanken sind die Tupfen leicht verschwommen. Die Schwanzfedern der Geperlten sind leuchtend gold- oder silberfarben mit schwarzen Bändern. Gold- und silberfarben Geperlte kommen mit roten oder schwarzen Augen vor.

● Die sogenannten *Gesäumten* gleichen den Geperlten, nur ist jede einzelne Feder noch dunkel oder hell umrandet.

● Außer den erwähnten Farbmutanten gibt es noch *Schecken* in verschiedenen Farbkombinationen. Diese Vögel zeigen deutlich abgegrenzte Felder im andersfarbenen – geperlten, gesäumten oder unifarbenen – Grundgefieder und werden in vielen Varianten gezüchtet wie beispielsweise *Kopfschecken, Bandschecken, Zimtschecken.*

● Daneben hat züchterisches Streben auch noch »*schwarze*« Nymphensittiche hervorgebracht, deren Grundgefieder zwar nicht rabenschwarz, doch dunkel schiefergrau ist und einen eindrucksvollen Kontrast zum gel-

ben Kopf, den orangeroten Wangenflecken und den weißen Flügelspiegeln bildet.

● Ein weiterer Farbschlag sind die *Zimtfarbenen,* auch *Zimt-Isabell* oder *Zimter* genannt.

● Dann gibt es die *Silberfarbenen* mit stark aufgehelltem silbergrauem Grundgefieder und Kombinationen aus den verschiedensten Farbschlägen.

Meiner Meinung nach sollte man die reizvollen Farbspiele nicht überbewerten. Letztlich sind sie durch Manipulationen und Kreuzungen entstanden. Erfahrungsgemäß sind raffinierte Züchtungen außerdem viel anfälliger für Erkrankungen als wildfarbene Vögel und einfache Farbmutanten.

Behutsam gekrault zu werden, ist für den Nymphensittich ein Hochgenuß – vorausgesetzt, er befindet sich gerade in der entsprechenden Stimmung.

Überlegungen vor dem Kauf

Drei prächtige Lutinos mit besonders gut ausgebildeter Federhaube und leuchtend orangerotem Wangenfleck. ▷

Ehe Sie den Gang zum Züchter oder zur Tierhandlung antreten, sollten Sie selbstkritisch bedenken:

Paßt ein Vogel wirklich in Ihr Leben?

Nur wenn Sie die folgenden Fragen mit gutem Gewissen bejahen können, ist ein Nymphensittich das richtige Heimtier für Sie:
1. Sind Sie sich darüber klar, daß Nymphensittiche von Natur aus gesellige, treue und intelligente Tiere sind, die entweder einen Artgenossen als Partner oder – allein gehalten – unbedingt einen Menschen, also Sie, als Ersatzpartner brauchen? Zu oft allein gelassen, leidet der Vogel an Vereinsamung und Langeweile, er kann dadurch verhaltensgestört und sogar krank werden.
2. Wenn Sie berufstätig und täglich mehr als 6 Stunden von zu Hause abwesend sind, ist dann ständig oder einige Stunden ein Familienmitglied daheim und bereit, sich mit dem Nymphensittich zu beschäftigen?
3. Haben Sie Kinder oder andere Familienangehörige, die vernünftig genug und willens sind, auf den Vogel einzugehen?
4. Ist dies nicht der Fall, sind Sie bereit, das Zimmer, in dem der Vogel lebt, mit artgemäßem Spielzeug und »vogelsicher« einzurichten? (Einzelheiten darüber können Sie im Gefahren-Katalog, Seite 38 f., nachlesen.)
5. Oder würden Sie aus dem gleichen Grund ein Pärchen und einen genügend großen Käfig anschaffen?
6. Haben Sie ein gesundes Verhältnis zum Schmutz? Nymphensittiche sind und werden nicht stubenrein! Sie lassen ihren Kot fallen, wo sie gerade sitzen, sie verlieren Federn, vor allem feinste Flaumfedern, und plustern Staub aus ihrem Gefieder. Sie lassen Nahrungsreste fallen und zernagen Äste zu Spänen. Das müssen Sie ertragen, ohne dem Vogel bessere Sitten beibringen zu wollen.
7. Sind Sie ein Mensch, der seine Freizeit gerne zu Hause verbringt? Wenn Sie oft und gerne ausgehen und die Wochenenden außer Haus verbringen, haben Sie dennoch genügend Zeit und Geduld, sich täglich ausgiebig mit dem Vogel zu beschäftigen?
8. Haben Sie eine Möglichkeit, Ihren Nymphensittich bestens versorgt zu lassen, wenn Sie abwesend sind (→ Seite 49)?
9. Sind Sie sich darüber klar, daß Nymphensittiche zwar lernen können, einige Wörter zu sprechen und Melodien zu pfeifen, daß aber bei weitem nicht jeder Vogel großes Talent zum Sprechen entwickelt? Könnten Sie Ihren Vogel auch dann noch mögen, wenn er mit diesen Talenten nicht gerade reichlich ausgestattet ist?

Verantwortung für ein Vogelleben

Bedenken Sie vor dem Kauf, daß Sie die Verantwortung für ein Lebewesen übernehmen. Haben Sie schon an folgende Punkte gedacht?
● Ein Nymphensittich ist kein gutes Überraschungsgeschenk. Dem Beschenkten wäre es möglicherweise lieber gewesen, wenn er selbst hätte entscheiden können, ob er 10 bis 15 Jahre Verantwortung für einen Vogel übernehmen möchte.
● Ein Nymphensittich ist kein geeignetes Weihnachtsgeschenk. Wenn es draußen richtig kalt oder gar naßkalt ist, sollten Sie keinen jungen Vogel transportieren, der bisher nur an mollige Nest- oder Ladenwärme gewöhnt war.

◁ Die schönsten Nymphensittich-Farbschläge: Silberfarbener und Schecke (oben), Naturfarbener mit weißem Wangenfleck und Gesäumter (unten).

• Ein Nymphensittich ist kein Geschenk für kleine Kinder. Kinder möchten mit ihren Geschenken spielen, was man mit einem noch scheuen Vogel nicht kann. Kinder möchten ein Tier streicheln, in den Arm nehmen. Kinder sollten erst ab einem gewissen Alter einen Nymphensittich erhalten und dann nur unter der Voraussetzung, daß die Eltern dazu bereit sind, Pflege und Zuwendung zu übernehmen, wenn das Interesse des Kindes zeitweilig erlahmt.

Der Nymphensittich und andere Haustiere

Ich kenne viele Hundehalter, die auch einen Nymphensittich besitzen. Gut gehen kann die Gesellschaft von Hund und Vogel aber nur, wenn der Hund gutmütig ist und wirklich aufs Wort folgt. Dann wird er zunächst gegen seinen Jagdtrieb anzukämpfen haben, seine Eifersucht gegen den Neuankömmling besiegen müssen, um das wiederholt gehörte »Pfui« in bezug auf den Vogel in allen Lebenslagen zu respektieren. Solange der Vogel im Käfig ist, droht ihm kaum Gefahr. Darf sich Ihr Nymphensittich aber erst einmal frei in der Wohnung bewegen, kann die Folgsamkeit des Hundes schon eine für den Vogel gefahrvolle Prüfung erfahren, wenn sich der Vogel am Boden neugierig dem Hund nähert, ihm auf den Rücken fliegt oder sich gar an dessen Futternapf wagt. Seien Sie darauf bedacht, daß es längere Zeit nur in Ihrer Gegenwart zu derartigen Situationen kommt. Sie können durch gutes Zureden seine Eifersucht, seinen Jagdtrieb eindämmen. Hat der Hund den Vogel erst einmal als Mitglied seines Rudels anerkannt, ist übertriebene Vorsicht nicht mehr nötig.

Dagegen ist von einer gemeinsamen Haltung von Vogel und Katze abzuraten. Die Katze läßt nun einmal das Mausen nicht; auch wenn vereinzelte Berichte über Freundschaften zwischen Katze und Vogel diese Behauptung zu entkräften scheinen. Ebenso sollten Sie auch keine Kaninchen oder Meerschweinchen zusammen mit einem Vogel frei im gleichen Raum leben lassen. Diese Pelztiere können irgendwann durch den Vogel erschreckt werden, sich von ihm bedroht fühlen oder ihr Revier gegen ihn verteidigen wollen; dann kennen sie nicht wie ein Hund den Respekt vor dem Rudelmitglied, sondern sie beißen und kratzen und können den Vogel sogar töten. Sie können Nymphensittiche aber gut mit anderen Vögeln zusammen im gleichen Raum frei leben lassen. Gut vertragen sie sich mit Wellensittichen, Kanarienvögeln, Reisfinken, Zeisigen, mit Glanzsittichen, Schönsittichen, Schmucksittichen, Grassittichen, Unzertrennlichen, mit Webervögeln oder Amadinen. Wichtig ist nur, daß Sie brütende Paare vom Nymphensittich trennen, da Nymphensittiche großes Interesse am Brutgeschäft zeigen und dabei vor allem kleinere Vögel empfindlich stören können. Andererseits sollten Sie auch ein brütendes Nymphenpärchen vor Störungen durch andere Arten schützen. Natürlich müssen sich die verschiedenen Arten an die Gesellschaft miteinander gewöhnen, indem sie zunächst in getrennten Käfigen bleiben, bis sie sich durch die Gitter hindurch genügend kennengelernt haben und den Flugraum miteinander teilen dürfen.

Was Sie von Ihrem Nymphensittich erwarten dürfen

Ihr Nymphensittich wurde als Heimtier geboren, ist also an einen begrenzten Lebensraum und den Anblick von Menschen gewöhnt. Hat er sich einmal bei Ihnen eingelebt, wird er Sie durch sein hübsches Aussehen und durch seine Zutraulichkeit erfreuen. Sie werden ihn gerne dabei beobachten, wie er nach und nach von seinem neuen Zuhause Besitz ergreift, bestimmte Vorgänge verstehen lernt und oft recht drollige Gewohnheiten annimmt. Sie werden sicherlich erstaunt sein, wie Ihr Vogel es allmählich fertigbringt, Ihnen klarzumachen, was er gerne möchte, was er ablehnt, wovor er sich fürchtet. Er wird sich Ihnen immer mehr nähern, an Ihrem Tun teilnehmen und um Ihre Gunst und Aufmerksamkeit werben. Bald werden Sie auf Sittichart die ersten Zeichen großer Zuneigung erhalten, und richtig verstehen (→ Seite 62 ff.). Nymphensittiche können wie viele Papageienarten sprechen lernen. Allerdings liegt es ihnen noch mehr, die Stimmen unserer Singvögel nachzuahmen, einfache Melodien nachzupfeifen oder sonstige Geräusche zu imitieren. Ich kenne aber Nymphensittiche, die ihren Namen sagen, kleine Sätze sprechen, und regelmäßig »Guten Morgen« sagen, wenn man morgens ihr Zimmer betritt. Das Sprachtalent ist nicht so ausgeprägt wie das der Beos, Graupapageien oder der kleinen Wellensittiche. Bringt man aber genügend Geduld auf und wiederholt Wörter und Sätzchen oft genug, besteht durchaus die Möglichkeit, daß der Vogel sie eines Tages nachsagt. Dagegen ist es aber auch möglich, daß ein Nymphensittich überhaupt keine Lust und kein Talent zum Sprechen mitbringt. Sie sollten dann nicht enttäuscht sein; denn er ist deshalb keineswegs weniger intelligent.

Die Intelligenz der Nymphensittiche erreicht sicher nicht die der Graupapageien, Kakadus, Aras oder Amazonen; diese Arten stehen diesbezüglich an der Spitze in der Vogelwelt und sind deshalb in Pflege und Zuwendung so anspruchsvoll wie Kleinkinder. Aber Nymphensittiche sind dennoch weitaus intelligenter als Singvögel, Tauben oder eine ganze Reihe von Säugetieren. Man kann ihre Intelligenzleistungen gut mit denen von Wellensittichen vergleichen.

Einzelvogel oder Pärchen?

Ein Pärchen ist immer dann richtig, wenn ein Vogel einem häufig allein gelassenen älteren oder behinderten Menschen oder einem Kind das Gefühl der Einsamkeit nehmen soll. Ein Pärchen sollte man auch wählen, wenn in erster Linie der Wunsch besteht, Vögel zu beobachten, sich an ihrer lebendigen Gegenwart zu erfreuen, weniger aber das Bedürfnis nach engem freundschaftlichem Kontakt mit den Tieren. Pärchen lernen nicht so leicht sprechen wie Einzeltiere! Ausschließlich ein Pärchen kommt in Frage, wenn zu vermuten ist, daß niemand in der Familie auf die Dauer Zeit und Lust haben wird, sich mit dem Vogel intensiv und häufig zu beschäftigen.

Bedenken Sie dann aber von Anfang an, daß ein Pärchen, vor allem wenn es ständig oder überwiegend im Käfig leben muß, wesentlich mehr Raum beansprucht als ein Einzelvogel mit Familienanschluß, der stunden- oder gar tageweise frei im Zimmer/in der Wohnung leben darf. Ideal für ein Pärchen wäre eine Zimmervoliere, in der außer den nötigen Utensilien für Wasser und Nahrung und den Sitzstangen auch ein Kletterbaum aus Naturästen unterzubringen ist. Zwei Vögel in einer genügend großen Voliere gehalten, in der sie sich sogar mit einigen Flügelschlägen fliegend bewegen können, ist eine der mildesten Gefangenschaftslösungen.

Wer die Ideallösung anstrebt und sowohl ein Pärchen beobachten möchte, sich aber auch den persönlichen Kontakt zu seinen Vögeln wünscht, der muß sich zunächst mit viel Liebe und Geduld einen Einzelvogel zum Freund machen und diesem dann einen Partner zugesellen. Der zweite Vogel wird sich anfangs ausschließlich dem Artgenossen zuwenden und mehr Scheu als Neigung für den Menschen aufbringen. Aber der zunächst menschenscheue Nymphensittich lernt rasch durch sein Vorbild, den Artgenossen, wie »brauchbar« ein Mensch sein kann! Da der Neuankömmling eifrig bemüht sein wird, an allen Gewohnheiten und Unternehmungen seines Partners teilzuhaben, wird es eines Tages sicherlich Rangeleien um den Platz auf der Schulter des Pflegers oder um die Reihenfolge beim Gekrautwerden geben. Darüber hinaus erhält der Pfleger die schönsten Einblicke in das »Eheleben« vielleicht sogar in das »Familienleben« der beiden Vögel.

Männchen oder Weibchen?

Die Frage nach dem Geschlecht spielt nur dann eine Rolle, wenn Sie züchten möchten. Als Einzelvogel gehalten, wird sich ein Männchen genauso wie ein Weibchen an sein neues Heim und an den Menschen als Ersatzpartner gewöhnen. Keines der Geschlechter ist intelligenter, sprech- oder pfeifbegabter als das andere.

Da die Geschlechter hauptsächlich an der kräftigeren oder schwächeren Farbe zu erkennen sind, wird der Unterschied nur deutlich, wenn man erwachsene Männchen oder Weibchen nebeneinander sieht. Wie viele Nymphensittiche wurden lange Zeit für ein Männchen gehalten, bis sie eines Tages ihren Pfleger durch ein Ei vom Gegenteil überzeugten. Selbst wenn Sie sich ein Pärchen wünschen und ahnungslos zwei Männchen oder zwei Weibchen vereinen, werden Sie aus dem Verhalten der beiden Vögel kaum auf den Irrtum schließen können. Werden nämlich zwei gleichgeschlechtliche Vögel zusammen in Gefangenschaft gehalten, so übernimmt einer von beiden mit der Zeit die Rolle des Geschlechtspartners. Bei Pärchen kommt es niemals zu ernsthaften Streitereien oder gar zu kampfähnlichen Handlungen. Problematisch kann die Situation erst dann werden, wenn Sie einen dritten Artgenossen kaufen. Eine Scheinehe zwischen zwei gleichgeschlechtlichen Vögeln löst sich auf, wenn der Neuankömmling vom gegenteiligen Geschlecht ist. Das bisher dominierende Weibchen erhebt dann Anspruch auf den echten Geschlechtspartner. Möglicherweise findet dieser aber mehr Gefallen am anderen Vogel, und die bisherigen Scheinpartner werden zu Rivalen. Obgleich auch das kaum zu »handgreiflichen« Auseinandersetzungen führt, steht doch der dritte Vogel abseits und vereinsamt. Sie sollten daher besser vier Vögel zusammen halten oder wenigstens drei gleichgeschlechtliche, von denen dann zwar zwei besondere Freundschaft schließen, den dritten aber nicht als Rivalen betrachten.

Was man beim Kauf bedenken muß

Wo man gesunde Vögel bekommt

Es gibt nur drei Möglichkeiten, in den Besitz eines jungen und gesunden Nymphensittichs zu kommen:

- Sie kaufen den Vogel im Zoofachhandel;
- Sie kaufen den Vogel beim Züchter;
- Sie bekommen einen Vogel geschenkt, weil ein Nymphensittichpärchen im Bekanntenkreis Nachwuchs bekommen hat.

Bestellen Sie den Nymphensittich niemals in einem Versandhaus oder in einer Versand-Tierhandlung. Sie können den Vogel vor dem Kauf nicht sehen und auswählen und müssen nehmen, was Sie geschickt bekommen. Der Vogel kommt nach dem Transport verstört bei Ihnen an, eventuelle Krankheiten stellen sich erst später heraus und Sie können ein krankes oder durch den Transport geschocktes Tier nicht einfach wieder zurückschicken. Haben Sie in der Nähe Ihres Wohnortes keinen Züchter und keine Zoofachhandlung, so versuchen Sie es in der nächstgrößeren Stadt oder geben Sie eine Kleinanzeige unter der Rubrik »Tiermarkt« auf.

Sehen Sie sich in der Tierhandlung, für die Sie sich entschieden haben, gut um. Werden die Vögel dort in genügend großen Käfigen gehalten und nicht in quälender Enge? Haben Sie frisches Futter und Wasser? Sind die Käfige sauber und mit Sand ausgestreut? Bekommen die Tiere genügend Licht und Luft? Wenn Sie grobe Mängel feststellen, gehen Sie das Risiko lieber nicht ein, dort einen eventuell kranken Vogel zu erwerben. Bei einem Züchter können Sie in der Regel volles Vertrauen haben, denn der Erfolg seiner Zucht wäre in Frage gestellt, wenn die Vögel nicht wirklich gut gehalten würden. Weder der Züchter noch ein guter Zoofachhändler werden versuchen, Ihnen einen alten statt eines jungen Vogels oder gar wissentlich einen kranken zu verkaufen.

Woran man einen gesunden Vogel erkennt

Hier einige Punkte, die Sie beachten sollten:

- Bewegt sich der Vogel Ihrer Wahl im Käfig munter umher, ißt er, putzt er sich, beschäftigt er sich mit seinen Artgenossen oder beobachtet er interessiert, was außerhalb des Käfigs vorgeht? Wenn er nur still und aufgeplustert in einer Ecke sitzt, so muß er nicht, kann aber krank sein. Nymphensitti-

Typische Schlafhaltung des Nymphensittichs: Der Schnabel ist im leicht geplusterten Rückengefieder versenkt, die Augen sind geschlossen. Schläft der Vogel tief, ist oft auch ein Bein im Bauchgefieder versteckt.

che schlafen auch tagsüber manchmal. Ein stilles Tier beobachten Sie am besten etwas länger, um es auch in Aktivität zu erleben.

- Schauen Sie nicht nur auf die Farbe des Gefieders, sondern achten Sie auch auf seine Beschaffenheit. Bei einem jungen und gesunden Nymphensittich ist das Gefieder glatt anliegend und glänzend. Die Federn um die Kloake dürfen nicht verschmutzt sein, sind sie es, deutet dies auf Durchfall hin.

● Die Augen sollten bei einem jungen Nymphensittich groß und glänzend, kugelrund und schwarz, bei einem Albino rot sein.

● Achten Sie auch auf saubere, gerade Beine und fehlerlose Zehen mit nicht zu langen Krallen. Die Hornschuppen auf den Beinen und Füßen müssen glatt anliegen.

● Steht Ihre Wahl fest, so wird der Vogel vorsichtig aber mit sicherem Griff aus dem Käfig geholt. Wenn er dabei den Zoohändler kräftig in die Hand zwickt, ist das nur ein Zeichen für die Gesundheit des Vogels. Solange der Zoohändler den Vogel in der Hand hat, prüfen Sie noch einmal die Afterfedern. Bitten Sie den Verkäufer, gegen diese Partie zu blasen, so können Sie sehen, ob die Haut um die Kloake gerötet ist, was auf eine Erkrankung schließen ließe. Streichen Sie leicht über das Brustbein des Vo-

Die sicherste Methode, den Vogel einzufangen: Eine Hand kommt von oben und legt sich um den Rücken, die andere umfaßt den Bauch.

gels, damit Sie feststellen können, ob es auch nach außen gerundet ist. Ein eingefallenes Brustbein wäre wieder ein Hinweis auf eine Krankheit.

Die Sache mit dem Ring

Ehe der Vogel in den Transportkäfig oder in die Transportschachtel gesetzt wird, erhält er noch einen Fußring. Dieser Ring ist gesetzlich vorgeschrieben und eine Garantie dafür, daß der Vogel aus einer zugelassenen Zucht stammt, die unter behördlicher Aufsicht steht, und nicht Überträger der früher so gefürchteten Papageienkrankheit ist (→ auch Seite 48). Der Ring trägt die beim Züchter und beim Händler registrierte Nummer des Vogels. Bitten Sie den Verkäufer, Ihnen den Ring lieber so mitzugeben. Das kann auf ein Nein stoßen, weil es eigentlich verboten ist. Probieren sollten Sie es trotzdem, denn nachgewiesenermaßen verletzen sich Nymphensittiche am häufigsten am beringten Bein. Der Vogel kann mit dem Ring leicht irgendwo hängenbleiben und sich womöglich nicht selbst befreien. Außerdem kann sich das beringte Bein entzünden, anschwellen und dann durch den zu strammen Ring absterben.

Bekommen Sie den Ring gesondert mit, müssen Sie ihn als wichtiges Dokument sorgfältig aufbewahren. Wird der Vogel beringt, warten Sie, bis er zahm ist, und lassen den Ring gelegentlich, aber nicht zu spät, vom Tierarzt entfernen. Bleibt der Ring am Bein des Vogels, so sollten Sie sich die Nummer jedenfalls gut notieren. Passiert es wider Erwarten, daß der Vogel eines Tages entfliegt, haben Sie dann mehr Chancen, ihn wiederzubekommen.

Was ein Nymphensittich braucht

Wenn Sie sich entschlossen haben, einen Nymphensittich anzuschaffen, kaufen Sie am besten zuerst den richtigen Käfig mit allem, was der Vogel vom ersten Tag an braucht. Ihr neuer Hausgenosse wird nach dem Kauf und dem Transport verschreckt sein und sollte in seiner neuen Umgebung sofort den Platz kennenlernen, der künftig sein vertrautes Domizil sein wird, nämlich den gutausgestatteten Käfig.

Der zweckmäßige Käfig

Ein Käfig als ständiger Aufenthaltsraum für einen Vogel kann stets nur ein Ersatz sein. Dieser Ersatz sollte aber so tierfreundlich wie möglich sein und dem Nymphensittich Zuflucht und das Gefühl des Geborgenseins bieten. Die oft erhobene Forderung, der Nymphensittich müsse sich in seinem Käfig mit einigen Flügelschlägen fortbewegen können, ist Unsinn. Wer einen Nymphensittich einmal im Freien fliegen sah, weiß, daß kein Käfig und kaum eine Freivoliere groß genug sein können, um diesem pfeilschnellen Flieger genügend Raum zu bieten. Doch sollte der Vogel sich im Käfig bewegen können, ohne ständig vom Gitter oder von den Sitzstangen behindert zu werden. Er muß seine Flügel im Käfig seitlich oder nach oben in voller Länge ohne anzustoßen strecken können, er muß genügend Platz zwischen den einzelnen Sitzstangen und vor den Futternäpfen haben. Das ist für einen Einzelvogel nur möglich, wenn der Käfig *mindestens* 60 cm lang, 40 cm hoch und 35 cm tief ist. Wählen Sie einen größeren Käfig, geben Sie Ihrem Vogel damit mehr Bewegungsfreiheit und können ihm später einmal einen Partner in sein vertrautes Heim setzen.

Die Käfigwände sollten aus rostfreien Metallstäben bestehen und stark genug sein, um der Kraft eines mittelstarken Papageienschnabels zu widerstehen. An möglichst zwei Wänden sollten die Metallstäbe waagerecht verlaufen, damit der Vogel an ihnen auf und ab klettern kann. Das Metallgehäuse des Käfigs steht lose in einer etwa 15 cm hohen Plastikschale, die verhindert, daß Sand und Nahrungsreste aus dem Käfig geschleudert werden. Ein flaches Plastikschubfach in der Schale ist zur Erneuerung des Sandes auf dem Käfigboden leicht herausziehbar. Manche Hersteller belegen diesen Plastikschuber noch mit einem Metallrost. Er soll verhin-

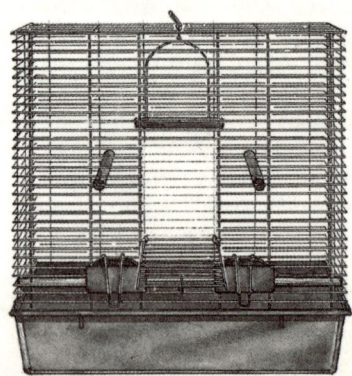

Ein vorbildlicher und solider Käfig mit den Mindestmaßen 60 × 40 × 35 cm. (Im Zoofachhandel erhältliches Modell der Firma Wagner & Keller.)

dern, daß der Vogel beim Gang zu den Futternäpfen mit dem Kot auf dem Käfigboden in Berührung kommt. So ein Gitter ist aber unzweckmäßig, da es zwangsläufig ebenfalls Kotspuren abbekommt und zudem den Vogel daran hindert, Sand vom Boden aufzupicken, was für den Verdauungsvorgang so-

Was ein Nymphensittich braucht

wie für die Versorgung mit Mineralstoffen wichtig ist. Außerdem will ein Nymphensittich zeitweilig, über den Boden trippelnd, verstreute Körner aufnehmen, weil diese Art der Nahrungssuche seinen Gewohnheiten in der freien Natur entspricht. Entfernen Sie deshalb von Anfang an einen derartigen Bodenrost, Sie ersparen sich damit zusätzliches Säubern und dem Vogel unangenehme Einschränkungen.

Wichtig: Im Bodenschuber des Käfigs sind meistens auch die Näpfe für Körnerfutter und Wasser angebracht. Achten Sie bitte darauf, daß vor allem der Wassernapf nicht überdacht ist. Nymphensittiche trinken nämlich, indem sie Wassertropfen in den Schnabel nehmen und den Kopf dann heben, damit die Flüssigkeit durch den gestreckten Hals in den Kropf rinnen kann. Die Futternäpfe sollten dennoch vor Verschmutzung durch Kot geschützt sein; bringen Sie deshalb die Sitzstangen so an, daß der Vogel nicht direkt über den Näpfen sitzt.

Wählen Sie einen schlichten rechteckigen Käfig ohne Verzierungen wie Türmchen, Spitzbogen oder Erkerchen. Der Vogel kann sich an diesen platzvergeudenden Ausbuchtungen nur verletzen. Holzteile am Käfig würden Ihrem Nymphensittich zwar zusagen, denn er könnte daran nach Herzenslust nagen, aber der Käfig wäre bald ruiniert und nicht mehr sicher. Kaufen Sie möglichst keinen runden Käfig; der Vogel findet darin keine Orientierungspunkte und ihm fehlt das Gefühl des Geborgenseins. Wenn Sie schon einen runden Käfig besitzen sollten, bringen Sie einen Spiegel oder eine Astgabel als Orientierungshilfe darin an.

Achten Sie besonders auf eine gut schließende Käfigtür! Nymphensittiche haben genügend Kraft und Verstand, um einen einfachen Schnappverschluß mit etwas Übung selbständig zu öffnen. Am sichersten schließen Sie die eingeschnappte Käfigtür zusätzlich mit einem Karabinerhaken. Die im Käfig angebrachten Sitzstangen sind alle von gleichem Durchmesser, was der Fuß- und Beinmuskulatur des Vogels abträglich ist. In der Natur benützt der Vogel auch unterschiedlich starke Äste zum Ruhen. Ersetzen Sie deshalb die genormten Sitzstangen durch Naturzweige, von denen einige im Durchmesser den genormten entsprechen, einer aber etwas dicker und einer etwas dünner ist. Die meisten Zweige müssen so dick sein, daß sich die Zehen des Vogels beim Umgreifen nicht berühren. Verwenden Sie als Sitzstangen keine giftigen Hölzer wie Eibe, Faulbaum, Lebensbaum, Oleander, Roßkastanie oder Seidelbast. Gut geeignet sind dagegen Weide, Haselnuß, Eiche,

Sitzstangen müssen so dick sein, daß sie der Nymphensittich nicht umgreifen kann. (Links: richtiger Durchmesser, rechts: zu dünne Stange.)

Ahorn, Obstbaum. Bei Obstbaumzweigen darauf achten, daß sie frei von Insektenschutzmitteln sind. Alle Zweige vor dem Einsetzen in den Käfig heiß abbrausen und gut trocknen lassen. Die Zweige von Zeit zu Zeit austauschen. Stopfen Sie den Käfig nicht zu voll, damit die Bewegungsfreiheit nicht eingeschränkt wird. Vier bis fünf Zweige genügen völlig. Entfernen Sie die eventuell im Käfig angebrachte Leiter, sie stört einen Nymphensittich nur.

Was ein Nymphensittich braucht

Der richtige Platz für den Käfig

Vor der Ankunft Ihres Nymphensittichs sollten Sie schon den geeigneten Platz für den Vogel und für seinen Käfig bestimmen. Er braucht nämlich unbedingt einen Dauerplatz, wo er heimisch ist und wohin er sich nach Wunsch zurückziehen kann. Der Raum, in dem der Vogel leben soll, muß von konstanter Temperatur sein, die auch im Winter zwischen 19 und 21 Grad C beträgt. Eine dunkle Ecke als Standplatz für den Käfig ist ebenso ungeeignet wie ein Platz vor dem Fenster, der stundenlang von der Sonne beschienen wird. Der Vogel braucht Licht und Luft, aber praller Sonnenschein, dem er nicht ausweichen kann, könnte zum Herzschlag führen, zu wenig Licht läßt ihn kümmern. Wählen Sie den Platz in Fensternähe, stellen Sie sicher, daß keine kalte Luft durch die Ritzen zieht, davon könnte der Vogel krank werden, ebenso wie durch Zugluft, die durch gleichzeitig offene Fenster und Türen verursacht wird. Der gute Standplatz für den Käfig sollte hell und zugfrei sein, nicht mitten im Familien-Durchgangsverkehr liegen, aber doch genügend Einblick in das Geschehen im Raum ermöglichen. Der Käfig sollte so hoch stehen, daß über ihm keinerlei Aktivitäten mehr stattfinden und mit der Rückseite an der Wand, wodurch sich der Vogel geschützt fühlt.
Alle lauten Geräusche erschrecken den Vogel und machen ihn auf die Dauer nervös. Deshalb gehört der Käfig nicht unmittelbar neben das Telefon, das Radio, das Fernsehgerät! Bild und Ton des Fernsehgerätes schaden dem Vogel übrigens nicht, wenn Lautstärke oder Bildstrahlen ihn nicht aus zu großer Nähe belästigen. Dagegen leidet der Vogel durch die Fernbedienung eines Fernsehgerätes, die durch Ultraschall funktioniert und deren Schallwellen für die empfindsamen Hörorgane eines Vogels quälend sind. Völlig ungeeignete Standplätze für einen Vogelkäfig sind außerdem der Kühlschrank und die Spülmaschine, da deren Geräusche und Erschütterungen den Vogel erschrecken. Überhaupt ist die Küche für einen Vogel ungeeignet. Kochdünste, vor allem Fettqualm, zeitweilig ansteigende Hitze und rasches Abkühlen durch Lüften beeinträchtigen das Wohlbefinden eines Vogels stark und machen ihn krank. Muß der Nymphensittich das Leben eines Rauchers teilen, so ist es unbedingt erforderlich, daß der Raum, in dem der Vogel lebt, mehrmals täglich, vor allem vor dem Einschlafen am Abend, gründlich, aber zugfrei gelüftet wird. Verbreiten mehrere Raucher (Gäste) gelegentlich im Zimmer regelrechten blauen Dunst, so ist zu überlegen, ob der Vogel während der Besucherstunden nicht ausnahmsweise in einem anderen Raum untergebracht werden soll. Ein bereits eingewöhnter Vogel nimmt das gleichmütig hin, doch muß der andere Raum unbedingt die gleiche Temperatur haben, denn Nymphensittiche reagieren empfindlich auf plötzliche Temperaturschwankungen.

Lebensraum: Kletterbaum, Zimmervoliere

So wichtig ein zweckmäßiger Käfig und ein guter Standplatz sind, einen geeigneten Lebensraum hat der Nymphensittich damit allerdings noch nicht. Der Käfig ist für den Vogel der Platz, wohin er sich gern zurückzieht, wenn er ruhen oder essen möchte,

Was ein Nymphensittich braucht

wenn er etwas ängstlich-neugierig die Vorgänge um sich her betrachtet. Ist er aber aktiv, dann braucht er mehr Bewegungsfreiheit, als der Käfig ihm bietet, er möchte dann fliegen, klettern, nagen, sich beschäftigen. Normalerweise wird dieses Bedürfnis befriedigt, wenn der Vogel seine Freiflugstunden im Zimmer erhält. Er fliegt dann seine Lieblingsplätze an, vielleicht die Lampe, den Bücherschrank, die Vorhangstange. Dort will er dann eine Weile sitzen und sich beschäftigen. Auf dem Schrank kann er hin und her trippeln, auf der Lampe, der Vorhangstange kann er ein wenig kopfunter turnen; dann wird er aber anfangen zu zupfen, an den Fäden des Vorhangs, am Material, aus dem die Lampe gemacht ist, oder am Kabel. Beides werden Sie nicht so gern sehen.

Vielleicht werden Sie nervös, wenn vom erhöhten Landeplatz aus der erste Klacks zu Boden fällt oder sonstwo Spuren hinterläßt. Der Klacks ist nicht so schlimm, Sie entfernen ihn entweder sofort mit einem Papiertaschentuch und wischen feucht nach, oder Sie lassen ihn trocknen und bürsten oder saugen ihn dann weg. Die Schnabelspuren an Möbeln und Gegenständen sind aber mit der Zeit kaum zu übersehen. Da hilft nur eines: Opfern Sie Ihrem Nymphensittich einige Gegenstände, erlauben Sie ihm, sie nach und nach zu zerstören und ersetzen Sie sie durch neue, wieder zerstörbare. Sind derartige Dinge an beliebten Plätzen im Raum verteilt, wird der Vogel sich lange damit begnügen und kaum andere Objekte bearbeiten. Am wenigsten ist die Raumeinrichtung gefährdet, wenn der Nymphensittich neben seinem Käfig einen Kletterbaum hat.

Einen Kletterbaum müssen Sie selbst zusammenbauen. Am einfachsten befestigen Sie einen kleinen Baumstamm mit einigen Ästen in einem Holzkreuz oder Christbaumständer. Wenn Sie einen Bottich verwenden, dessen Durchmesser größer ist als die längsten Äste, fällt alles vom Baum in den Bot-

Großer Kletterbaum zum Selberbauen. Dazu braucht man einen Bottich mit Schotter und Sand als Füllung, ein Stück Baumstamm, in das Löcher gebohrt sind, und drei dicke Äste mit Rinde.

tich. In die Mitte des Bottichs stellen Sie einen massiven Baumstumpf, bohren Löcher hinein und verkeilen Äste mit Zweigen darin. Um den Baumstamm füllen Sie Kieselsteine auf den Bottichboden, darauf Erde und obenauf eine etwa 5 cm dicke Schicht Vogelsand. Mit einem Schaumlöffel lassen sich in wenigen Sekunden täglich alle Unreinheiten und Abfälle aus dem Sand entfernen. (Im Zoofachhandel gibt es auch fertige »Kletterbäume« zu kaufen, und zwar ein Leitersystem der Firma Wagner & Keller, auf dem der Vogel nach Belieben herumturnen kann.) Auf einem Kletterbaum wird der Nymphensittich ein zufriedenes Leben führen. Natürlich wird er die Äste zernagen und in kleinen Stücken zu Boden werfen, doch lassen diese sich leicht erneuern. Da Nymphensittiche – als ausgezeichnete Flieger – es verschmähen, für kurze Strecken

Ungemein geschickt, unter Zuhilfenahme von Beinen, Schwanz und Schnabel, klettern Nymphensittiche von Ast zu Ast.

aufzufliegen, sollten Sie einen Ast als Brücke zwischen Baum und Käfig befestigen, so daß der Vogel nach Belieben zwischen beiden Bereichen kletternd wechseln kann.

Sind Sie reich an Wohnraum, dann können Sie in einer hellen, zugfreien Ecke eine Zimmervoliere errichten oder bauen lassen. Sie ist aber in erster Linie für ein Pärchen geeignet oder für einen Nymphensittich, der mit einem oder zwei Wellensittichen oder Zebrafinken zusammenlebt. Obgleich der Vogel auch in einer Zimmervoliere in Ihrer unmittelbaren Nähe lebt, kann er doch zuwenig an Ihrem Leben teilhaben und sollte deshalb nicht allein in ihr leben. Eine Zimmervoliere sollte groß genug sein, daß sich

ein Nymphensittich mit einigen Flügelschlägen von einem Ende zum anderen bewegen kann, das heißt, etwa 1 m bis 1,50 m tief und mindestens 2 m lang. Die Voliere sollte hoch genug sein, daß man sie bequem saubermachen und zur Pflege der Vögel darin hantieren kann.

Wichtig für jede Voliere ist die richtige Beschaffenheit des Maschengitters. Wenn Sie kleinere Vögel wie Wellensittiche oder Prachtfinken mit dem Nymphensittich in der Voliere leben lassen, darf die Maschengröße nur 1 cm betragen. Leben nur Nymphensittiche in der Voliere, sollte die Maschengröße nicht mehr als 2 cm betragen. Ein Vogel darf nämlich seinen Kopf nicht durch das Maschengitter stecken können, da er den Kopf dann gegen den Strich der Federn nicht zurückziehen kann und sich zu leicht im Maschendraht stranguliert.

Sollten Sie ein echtes Pärchen in einer Zimmervoliere halten, so wird das Pärchen möglicherweise auch in einem Behelfsnest mit der Brut beginnen. Kaum ein Vogelfreund wird dem widerstehen können; er braucht nur die nötigen Brutkästen in die Voliere zu hängen (→ Seite 52) und hat in wenigen Wochen nicht nur ein Pärchen, sondern einen kleinen Schwarm. Der nächste Schritt ist dann zwangsläufig aus Platzgründen eine Freivoliere.

Nymphensittiche in der Freivoliere

Für die Anleitung zum Bau einer Freivoliere muß ich auf die einschlägigen Bücher über Volierenhaltung und Nymphensittichzucht verweisen, da sich dieses Buch in erster Linie an die Vogelfreunde richtet, die vor allem in engem Kontakt mit einem Nymphen-

Was ein Nymphensittich braucht

sittich leben möchte. Selbstverständlich werden sich Volierenvögel dem Menschen nicht partnerschaftlich anschließen, denn sie leben ja mit Artgenossen zusammen. Der Mensch ist aber für ihr Wohlergehen verantwortlich und muß alles vermeiden, was ihnen schadet oder Unbehagen schafft. Hier möchte ich deutlich erklären, daß ich mich im Widerspruch zu allen Autoren befinde, die im Zusammenhang mit der Volierenhaltung von Nymphensittichen und Wellensittichen die Meinung vertreten, eine Freivoliere mit angrenzendem Schutzhaus ohne Heizung sei auch im Winter bei strenger Kälte ausreichend, weil die Vögel ja auch in ihrer Heimat während der Nächte Temperaturen mit Minusgraden ertragen können. Dem möchte ich entgegenhalten, daß in Australien in den Nächten Minusgrade zwar auftreten, jedoch nur für einige Stunden, niemals aber als an-

haltende Kälteperiode. Wenn dennoch Nymphensittiche und Wellensittiche bei langandauernder Kälte in unbeheizten Räumen überleben, so ist das wirklich nur ein Überleben, ein Vegetieren, kein Wohlbefinden!

Nützliche Kleinigkeiten für den Vogel

Für keine andere Vogelgattung werden vom Handel so viele Kleingeräte und Spielzeuge angeboten wie für den Wellensittich. Sie sind leider für den Nymphensittich nicht geeignet, weil sie seinem viel kräftigeren Schnabel nicht gewachsen sind.
Auf jeden Fall sollten Sie Ausschau halten nach einem speziellen *Badehaus* für Nymphensittiche, das in einigen Fällen von demselben Hersteller geliefert wird, der auch den Käfig baut. Es muß groß genug für ei-

Die Zimmervoliere bietet Raum für mehrere Nymphensittiche oder verschiedene Vögel samt Brutkästen.

nen Nymphensittich sein und sollte in die offene Tür des Käfigs eingehängt werden können. Achten Sie beim Kauf darauf, daß das Badehaus einen gerillten Boden hat, weil der Nymphensittich sonst leicht ausrutscht

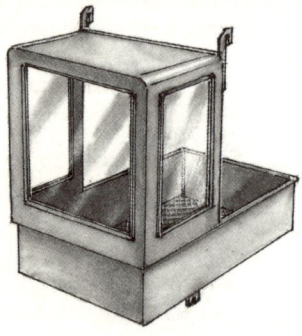

Das Badehaus mit gerilltem Boden und Spritzschutz wird in die offene Käfigtür gehängt (Zoofachhandel).

und danach kaum mehr Lust zu einem Bad verspüren wird. Wenn Sie dem Vogel von Anfang an öfters das etwa 3 cm hoch mit lauwarmen Wasser gefüllte Haus an den Käfig hängen, wird er sich an das zunächst furchterregende Gebilde gewöhnen. Lassen Sie das Badehaus ruhig einige Stunden dort hängen, einmal wird der Wunsch nach einem Bad über die anfängliche Scheu siegen, und von da ab wird der Vogel öfter danach verlangen. Er zeigt das, indem er versucht, in seinem Trinknapf zu baden, oder er plustert sich schüttelnd auf, wie er es auch vor dem Gang ins Wasser tut, möglicherweise umkreist er auch plusternd ein Wasserglas auf dem Tisch, oder er folgt Ihnen in Küche oder Bad und gibt unter dem tropfenden Wasserhahn sein Bedürfnis kund. Sollte aus dem Baden im Badehaus nichts werden,

dann kaufen Sie eine einfache Blumenspritze und besprühen Sie Ihren Nymphensittich, am besten an einem besonders warmen Sommertag einmal, leicht von schräg oben mit lauwarmem Wasser. So baden Nymphensittiche in ihrer australischen Heimat, wo sie bei einsetzendem Regen auf Bäumen sitzend wohlig ihre Flügel strecken, sich drehen und wenden, um überall am Körper berieselt zu werden. Zwar trinken und baden Nymphensittiche in Australien auch in Tümpeln und Flußläufen, aber am Boden sind sie besonders ängstlich und schreckhaft und außerdem sind derartige Badegelegenheiten in ihrer Heimat selten (→ auch Seite 68). Statt der Blumenspritze können Sie auch den Duschkopf benützen: Den Käfig ohne die Schale in die Badewanne stellen und lauwarmes Wasser über einen Teil des Käfigs rieseln lassen. Der Vogel kann sich dann für oder gegen ein »Regenbad« entscheiden.

Als Ersatz für das Regenbad der heimischen Savanne dient die lauwarme Dusche aus der Blumenspritze.

Was ein Nymphensittich braucht

<u>Wichtig:</u> Benützen Sie die Blumenspritze ausschließlich für das Sprühbad Ihres Sittichs! Vergewissern Sie sich stets, daß nicht versehentlich eine im Haushalt befindliche Blumenspritze benützt wird, mit der bereits Pflanzen mit Ungeziefer-Vertilgungsmittel behandelt wurden!

Wenn Ihr Nymphensittich bereits zutraulich ist und sich vor Ihnen und vor den für ihn neuen Gegenständen nicht mehr fürchtet, so versuchen Sie einmal, ihn nach einem Bad behutsam lauwarm zu fönen. Stellen Sie das Gebläse auf milde Stärke und lassen Sie den Luftstrom zunächst zart an ihm vorbeistreichen. Gefällt ihm das, wird er Ihnen sein Wohlgefühl bald durch genußvolles Drehen und Wenden des Körpers zeigen. Ich habe dabei einen Nymphensittich beobachtet, der seine diesbezüglichen Lustgefühle schon äußerte, wenn lediglich das Wort »Fön« ausgesprochen wurde oder wenn er aus dem Badezimmer das Summen der elektrischen Zahnbürste hörte.

Außerdem brauchen Sie zusätzliche *Näpfe* für die Nahrung. Einer für Wasser und einer für Körnermischung gehören zur Standardausstattung des Käfigs. Aber damit kommen Sie kaum aus, denn der Vogel braucht zusätzlich Obst, Gemüse und andere Leckerbissen. In einem genügend großen Käfig können Sie natürlich einfache kleine feststehende Schalen aus dem Haushalt auf den Käfigboden stellen, wenn nicht gerade eine Sitzstange darüber verläuft. Fehlt es an entsprechender Bodenfläche, so kaufen Sie möglichst große, weit ausladende Näpfe zum Einhängen in die Querstäbe des Gitters, die am besten in Höhe der Sitzstangen angebracht werden. Salatblätter, Petersilie oder Hirsekolben lassen sich gut mit einer einfachen Wäscheklammer am Gitter befestigen,

oder man reicht sie in einer speziellen Salatraufe.

Als praktische Zusatznäpfe erwiesen sich auch die im Handel erhältlichen *Wasser-* und *Körnerspender.* Kaufen Sie davon aber die größten, die angeboten werden, denn der Nymphensittich mit seinem relativ großen Schnabel muß tief ins Wasser tauchen, um wirklich trinken zu können. Durch den Körnerspender müssen auch die großen Sonnenblumenkerne gleiten, ohne den Nachschub

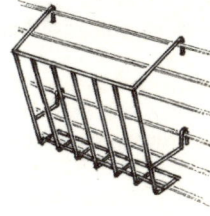

In der Salatraufe können auch Kräuter, Kolbenhirse und Obststücke angeboten werden.

zu blockieren. Der Wasserspender ist besonders praktisch, denn das Wasser kann darin nicht verschmutzen. Sowohl der Wasser- als auch der Futterspender erweisen sich vor allem dann als vorteilhaft, wenn der Vogel einmal für einen oder zwei Tage nicht frisch versorgt werden kann, vorausgesetzt, er ist es gewöhnt, dort zu trinken und sein Futter zu holen. Viele Vögel kommen schon beim ersten Gebrauch damit zurecht – dann ist alles gut. Andere Vögel jedoch schaffen das nicht, und es ist schon vorgekommen, daß Vögel während der Abwesenheit ihrer Pfleger vor den gefüllten Spendern verhungert oder verdurstet sind. Sie sollten also auf je-

Was ein Nymphensittich braucht

den Fall Wasser- und Futterspender so lange zusätzlich zu den gewohnten Näpfen verwenden, bis sich der Vogel an ihren Gebrauch gewöhnt hat.

Geeignetes Spielzeug

Nymphensittiche spielen nicht im eigentlichen Sinne des Wortes wie beispielsweise junge Hunde oder viele Wellensittiche, die sehr intensive Freundschaft mit dem Menschen verbindet. Nymphensittiche gleichen da den großen Papageien, sie wollen sich hauptsächlich beschäftigen, das heißt, sie brauchen geeignete Gegenstände, die sie mit dem Schnabel bearbeiten können. Geben Sie Ihrem Nymphensittich möglichst oft *frische Zweige* zum Zernagen, und er ist auf die natürlichste und gesündeste Weise stundenlang beschäftigt. Sind keine Zweige zur Hand, so nimmt er beispielsweise auch mit hölzernen Vorhangringen vorlieb, auch mit leeren Garnrollen oder mit einer selbstgebastelten Bastquaste, die man an einem Ast des Kletterbaumes befestigt. Außerdem gibt es Holzspielzeug für Nymphensittiche im Zoofachhandel.

Am glücklichsten ist der Nymphensittich, wenn er einfach dabei sein darf, auf der Schulter oder auf einem anderen nahen und bequemen Platz sitzend, und zusehen kann, was der menschliche Kumpan treibt. Der Nymphensittich einer mir bekannten Schneiderin hatte seinen Lieblingssitz auf deren Arbeitstisch. Dort ließ er geduldig eine Stecknadel nach der anderen längs durch seinen Schnabel gleiten, warf sie neben die Nadelschachtel und holte die nächste, als gelte es, jede einzelne Nadel zu polieren. Das klingt gefährlicher, als es ist, denn Vögel haben in ihrer Zunge ein so fein reagierendes Tastorgan, daß sie mit spitzen Dingen vorsichtig genug umgehen. Viel achtsamer muß man ihnen alle giftigen Substanzen vorenthalten, weil selbst der kurzfristige Kontakt mit der Zunge schon Schaden anrichten kann, zumal die Vögel von Natur aus mit derartigen Stoffen nicht in Berührung kommen und daher keinen schützenden Instinkt entwickeln konnten. So sollte man es vermeiden, daß sie mit giftigen Hölzern oder Zimmerpflanzen, mit Blei oder Bleilegierung, mit Quecksilber (zerbrochenes Thermometer), mit Pflanzenschutzmitteln und mit jeder Art von Putzmitteln in Berührung kommen (→ Seite 38 f.).

Was Sie Ihrem Nymphensittich aber gönnen sollten, sind ein *Glöckchen* und ein *Spiegel* in seinem Käfig. Beides ist für ihn kein wirkliches Spielzeug. Die Glocke wird er bald als zweite Stimme »nützen« und diese immer ertönen lassen, wenn er demonstrieren möchte, daß er sein Haus als unumschränktes Eigentum betrachtet. Er wird läuten, ehe er das Haus verläßt oder wenn er dorthin zurückkehrt. Viele Nymphensittiche schlafen direkt unter oder neben ihrer Glocke und betrachten sie ein wenig als ihrer Schar zugehörig. Die Glocke sollte an einer möglichst festen, kurzen Kette hängen, damit sie nicht zu leicht abreißt und der Vogel sich nicht mit ihr strangulieren kann.

Den Spiegel besorgen Sie am besten in einer Zoofachhandlung, und zwar einen für große Papageien, aus Edelstahl ohne Rahmen, zum Aufhängen. Jeder andere Spiegel fiele bald aus seiner zernagten Halterung und könnte beim Zerbrechen den Vogel verletzen.

Mit dem Vorschlag, einem alleingehaltenen Nymphensittich einen Spiegel zu geben, be-

Was ein Nymphensittich braucht

finde ich mich abermals im Widerspruch zu einigen in jüngster Zeit erschienenen Illustriertenartikeln. Dort wurde davor gewarnt, Nymphensittichen einen Spiegel zu geben, da es sie krank machen könne, wenn sie durch ihr Spiegelbild in nicht abzureagierende sexuelle Erregung geraten. Daß Nymphensittiche oder andere Vögel davon krank werden können, ist eine Hypothese, keine erwiesene Tatsache! Erwiesene Tatsache ist aber, daß Stubenvögel aus Einsamkeit und Langeweile kümmern und oft sogar vorzeitig sterben, vor allem wenn sie wie Wellensitti-

Wenn der Nymphensittich erst einmal handzahm geworden ist, läßt er sich von seinem Pfleger auch wieder in den Käfig zurücktragen.

che oder Nymphensittiche von Natur aus in fester Dauerehe und ständig in einer Schar von Artgenossen leben. Wird ein derartiger Vogel allein gehalten, sucht er im Kontakt mit dem Menschen nicht nur den Ersatzpartner, sondern er wird auch Ersatz für seine

sexuellen Bedürfnisse suchen. Das Spiegelbild tröstet über manche einsame Stunde hinweg, es wirkt aber ganz sicher auch als sexueller Reiz. Aber auch ohne Spiegel bleibt ein gesunder Vogel sexuell aktiv und findet zur Balz Ersatzobjekte. Man kann aus einem Wohnraum gar nicht alle spiegelnden Gegenstände verbannen; irgendwo findet der Vogel etwas Blankes, worin er sich spiegelt und das Spiegelbild für einen Artgenossen hält. Koko, mein Nymphensittich, erkor das blanke Mikrophon des Diktiergerätes manchmal zur Braut, manchmal zum Aggressionen auslösenden Rivalen. Das Nymphenweibchen Lucy fütterte als Ersatztriebhandlung hingebungsvoll das verglaste Zifferblatt einer kleinen Standuhr, und Max, ein stolzer Lutino, begattete von Zeit zu Zeit den Haarschopf seiner Pflegerin. Wer also gegen Spiegel wütet, der sollte gleich den Mut zur Konsequenz aufbringen und jegliche Haltung von Käfigvögeln als naturwidrig ablehnen. Ich finde den Kompromiß Spiegel empfehlenswert!

Der Name Ihres Nymphensittichs

Entscheiden Sie sich frühzeitig für einen Rufnamen Ihres Nymphensittichs. Wenn Sie ihn vom ersten Tag mit seinem Namen rufen, wird er bald lernen, daß dieses immer wiederkehrende Wort etwas mit ihm zu tun hat. Der Name sollte möglichst kurz sein, damit ihn ein sprechbegabter Vogel bald nachsagen kann. Nach Meinung von Experten, gelingt es Nymphensittichen leichter, Wörter nachzusprechen in denen ein A, ein I oder ein U vorkommt, obgleich ich Nymphensittiche die Namen Koko, Chiko und Bepo rufen hörte.

Behutsames Eingewöhnen

Ankunft im neuen Heim

Wenn Sie Ihren Nymphensittich nach dem Kauf nach Hause bringen, sollte der vorbereitete Käfig mit Nahrung, Wasser und Sand versehen an seinem endgültigen Platz stehen. Das Gegriffenwerden beim Kauf, das eventuelle Beringen, der Transport und die unbekannte Umgebung waren und sind für den Vogel grauenhafte Erlebnisse. Er hat erbärmliche Angst und möchte am liebsten vor Menschen fliehen und sich in einer Baumhöhle verkriechen.

Greifen Sie ihn nicht erneut. Öffnen Sie den Transportkäfig oder die Schachtel vor der offenen Käfigtür so, daß dem zum Licht strebenden Vogel nur der Weg in den Käfig offen bleibt. Er wird sicherlich »umsteigen«, möglicherweise aber versuchen, an den Gitterstäben außen am Käfig hochzuklettern. Diesen Weg versperren Sie ihm, indem Sie die flache Hand über seinen Kopf halten. Verläßt der Vogel wider Erwarten den Transportbehälter nicht freiwillig, dann lassen Sie ihn durch Schräghalten des Behälters vor die Käfigtür rutschen; schlimmstenfalls heben Sie den Käfig aus der Schale, stellen den offenen Transportbehälter auf den Käfigboden, stülpen den Käfig wieder darüber und warten bei geschlossener Käfigtür, bis es dem Vogel beliebt, den Transportbehälter zu verlassen, ehe Sie ein Tuch über den Käfig decken, diesen rasch hochheben und den Transportbehälter endgültig entfernen. Hoffentlich glückt der Umzug von einem in das andere Gehäuse reibungsloser!

Bleiben Sie nun in gebührender Entfernung vom Käfig und beobachten Sie Ihren Vogel erst einmal von weitem. Sprechen Sie leise und beruhigend mit ihm, machen Sie keine hastigen Bewegungen, sorgen Sie für Ruhe und genügend Helligkeit, damit er seine Umgebung gut erkennen kann. Vermeiden Sie es in der ersten Zeit unbedingt, etwas im Käfig und in dessen Nähe zu verändern. Nähern Sie sich dem Vogel stets nur von vorn und sprechen Sie dabei immer mit sanfter Stimme die gleichen Sätzchen, in denen der Name des Vogels vorkommen sollte. Wenn Sie Wasser und Nahrung erneuern müssen, dann sagen Sie auch zu jedem nötigen Handgriff dasselbe und bleiben Sie in allen Bewegungen gelassen und ruhig, auch wenn der Vogel schreit, flattert und Sie dadurch erschreckt.

Wie soll der Vogel schlafen?

Lassen Sie in den ersten Nächten in seinem Zimmer eine kleine 15-Watt-Birne brennen. Sollte der Vogel nachts durch Straßenlärm oder Geräusche im Haus erschrecken, flattert er nicht panikartig im Käfig umher, wobei er sich verletzen könnte, sondern er kann sich bei Lichtschein davon überzeugen, daß von seiner unmittelbaren Umgebung keine Gefahr droht.

Die Frage, ob der Vogel nachts grundsätzlich mit einem Tuch abgedeckt werden soll oder nicht, müssen Sie selbst entscheiden. Während der ersten Nächte sollte er jedenfalls ein Notlicht haben und der Käfig nicht zugedeckt sein. Die kleine Birne läßt sich nach einigen Tagen durch einen kleinen Strahler ersetzen, der auch in Schlafzimmern von Kindern gebraucht wird, um ihnen während der Nacht die Angst vor der Dunkelheit zu nehmen. Ist der Vogel eingewöhnt, kann er im dunklen Zimmer schlafen. Wird das Zimmer aber noch Stunden nach Einbruch der Dunkelheit benützt oder strahlt

◁ Zu den Bildern auf Seite 27:
Ein Vorhang ist bevorzugter Kletterplatz (oben links); Imponierhaltung des Nymphensittichmännchens (oben rechts); Nymphensittiche bei der Gefiederpflege (unten).
Zu dem Bild links:
Lieblingsplatz außerhalb des Käfigs ist für Toni und Wutzi die Korblampe.

die ganze Nacht die Straßenbeleuchtung ins Zimmer, so decken Sie den Käfig doch besser zu, um den Vogel gegen Licht und eventuelle Geräusche etwas abzuschirmen. Letztlich wird der Vogel aber selbst entscheiden, wie er die Nacht am liebsten verbringt. Sie merken es bestimmt an seiner Reaktion, ob er sich unter einem Tuch wohl fühlt oder ob er sich darunter ängstigt. Wird der Käfig zugedeckt, so müssen Sie allerdings morgens beizeiten das Tuch entfernen, damit der Vogel möglichst einen 12-Stunden-Tag hat! Wie immer ein eingewöhnter Nymphensittich auch seine Nächte verbringt, es kann immer vorkommen, daß er während der Nacht durch außerordentliche Geräusche in panischen Schrecken gerät. Dabei wird er den vergeblichen Versuch machen, zu fliehen und wild im Käfig umherflattern. In einem solchen Fall sollte unbedingt jemand nach dem Vogel sehen, kurz Licht anmachen und ihn beruhigen.

Grundregeln für das Eingewöhnen

Machen Sie sich für die ersten Tage und Wochen des Eingewöhnens die folgenden Punkte zum Gebot. Vermeiden Sie tunlichst alle Schreckerlebnisse für den Vogel, zu denen die folgenden gehören:
• Krach, dauernde Unruhe in seiner Nähe, vor allem Türenknallen;
• jede Erschütterung des Käfigs;
• hastige Bewegungen in seiner Nähe;
• grelles Licht am Abend (den Käfig sollte nur gedämpftes Licht treffen);
• direkte Fernsehbestrahlung und laute Fernsehtöne;
• grelle oder dunkle Farben der Kleidung, furchterregende Hüte, Lockenwickler;

• Störung der Nachtruhe.

Ein Grundsatz für alle Zeiten: Wer sich das Vertrauen seines Vogels nicht verscherzen möchte, sollte ihn nach Möglichkeit niemals greifen! Das mag kein Vogel, sein Urinstinkt sagt ihm, Gegriffenwerden bedeutet Lebensgefahr. (Dennoch gibt es Ausnahmefälle, in denen man einen Vogel greifen muß, nämlich wenn er unbedingt eine Behandlung braucht oder wenn er nicht anders aus einer Notlage befreit werden kann. Wie Sie ihn richtig greifen, finden Sie auf Seite 15 und 42.)

Erstes Vertrautwerden

Wenn Sie sich in den ersten Tagen öfter ruhig in der Nähe Ihres Nymphensittichs beschäftigen, manchmal zu ihm sprechen und ihn beobachten, dann werden Sie merken, daß er Ihre Gegenwart allmählich gelassen hinnimmt, sich ab und zu schüttelnd aufplustert, putzt und daß er – zwar oft nach Ihnen schauend – ißt und trinkt. Er hat dann seine ärgste Angst überwunden. Allmählich wird er sich daran gewöhnen, daß Sie an und in seinem Käfig hantieren und wird Essen und Trinken mit Ihrer Person in Verbindung bringen. Beginnen Sie schon in den ersten Tagen, ihm auch etwas Petersilie, Salatblätter, eine Apfelspalte oder ein Möhrenstückchen zwischen den Gitterstäben des Käfigs zu befestigen. Wird er nicht in den ersten Wochen an diese für seine Gesundheit so wichtige Zusatznahrung gewöhnt, mag er später nur widerstrebend davon probieren.
Vielleicht gelingt es Ihnen herauszufinden, welche Art der Körner er besonders mag.

Behutsames Eingewöhnen

Dann versuchen Sie, ihm solche Körner durch die Gitterstäbe des Käfigs, einzeln, locker in den Einschnitt eines Zweiges gesteckt, zu reichen. Locken Sie ihn so immer näher zu sich her, bis er eines Tages den Leckerbissen aus Ihren Fingerspitzen holt. Reagiert der Vogel nicht mehr ängstlich, wenn Sie mit der Hand in den Käfig greifen, um etwas zu arrangieren, dann halten Sie ihm zuletzt nach jeder Aktion einen Leckerbissen auf der offenen Handfläche vor. Erschrecken Sie aber nicht, wenn Ihr Nymphensittich zunächst nach Ihrer Hand hackt. Er ist einerseits noch immer ängstlich und muß sich wehren, andererseits möchte er aber den Kontakt und hackt sozusagen, um zu prüfen, ob keine nachteilige Reaktion erfolgt. Ziehen Sie die Hand jedenfalls nicht ruckartig zurück, vermeiden Sie überhaupt jede hastige Bewegung.

Ist der Vogel gut eingewöhnt, sollte der Weg aus dem Käfig stets über Ihre Hand führen. So wird ihm die Hand vertraut, später setzt er sich sogar auf die Schulter.

Eines Tages wird Ihnen der Nymphensittich erlauben, ihm mit einem Finger zart den Bauch zu streicheln, während er im Käfig sitzt. Wiederholen Sie dieses Streicheln täglich und verstärken Sie dabei allmählich den Druck gegen den Bauch. Einmal wird der Vogel dabei von der Sitzstange auf Ihren Finger steigen, was der Beginn des Handzahmwerdens ist. Bleiben Sie aber auch danach behutsam und vermeiden Sie weiterhin jeden Schrecken für den Vogel.

Der erste Flug im Zimmer

Verschiedene Experten geben die kategorische Empfehlung, den ersten Flug durch das Zimmer erst nach etwa 6 Wochen zu erlauben. Ich bin der Meinung, daß man nicht so lange warten sollte, wenn sich der Vogel bereits nach wenigen Tagen oder nach 1 bis 2 Wochen in seiner neuen Umgebung wohl fühlt und keine Scheu mehr vor Ihrer Hand zeigt. Schließlich hängt das Wohlbefinden eines Vogels davon ab, ob er oft und ausreichend fliegen darf. Das Bedürfnis zu fliegen erlischt erst, wenn ein Vogel durch qualvollen Zwang davon entwöhnt wurde, wenn er todkrank oder altersschwach ist. Auch wenn zahme Nymphensittiche viele Wege kletternd meistern und gerne über den Fußboden marschieren, das Fliegen ist ihre natürlichste Bewegungsart und wirkt sich günstig auf Kreislauf und Stoffwechsel aus. Wann Sie also Ihrem Nymphensittich den ersten Flug erlauben dürfen, hängt allein von seiner Zutraulichkeit ab. Wichtige Frage, *bevor* Sie ihn aus dem Käfig lassen: Sind Stores vor dem Fenster? Der Vogel erkennt die Fensterscheibe nicht als Begrenzung; er wird sie für eine Öffnung ins

Behutsames Eingewöhnen

Freie halten, dagegenfliegen und sich dabei möglicherweise das Genick brechen. Sind keine Stores vorhanden, lassen Sie vor dem Öffnen des Käfigs die Rollos so weit herunter, daß nur ein Viertel des Fensters unbedeckt bleibt (eventuell elektrisches Licht als zusätzliche Beleuchtung einschalten). Jeden Tag wird das Fenster dann vor der Flugstunde etwas weniger bedeckt, bis diese Maßnahme ganz entfallen kann, weil der Nymphensittich das Fenster als Raumbegrenzung kennengelernt hat.

Überzeugen Sie sich nun, ob auch alle Fenster und Türen geschlossen sind und öffnen Sie dann die Käfigtür. Überlassen Sie es dem Vogel, was er jetzt anzufangen wünscht. Vielleicht huscht er sofort heraus, wahrscheinlich bestaunt er aber zunächst reglos das so veränderte Viereck in seinem Käfig. Später wagt er den Ausblick aus der Öffnung der Tür, in die er sich setzt. Vielleicht klettert er anschließend auf den Käfig, um dort ein wenig zu sitzen und seine Umgebung aus der neuen Perspektive zu betrachten. Wie immer es auch ablaufen mag, einmal überwiegt der Drang zum Fliegen die Scheu, und Ihr Nymphensittich fliegt das erste Mal durchs Zimmer.

Gelingt es ihm, wieder auf dem Käfig zu landen? Manchmal sofort, oft aber läßt er sich irgendwo nieder, denn er muß sich etwas erholen von der Anstrengung des bereits ungewohnten Fliegens, und sitzt dann ängstlich an dem noch unbekannten Platz. Lassen Sie ihm jetzt Zeit. Wagt er den Rückflug nicht allein, so halten Sie ihm vielleicht nach 10 oder 15 Minuten seinen offenen Käfig so hin, daß er mühelos hinein kann. Erreichen Sie seinen Platz nicht, lassen Sie ihn sitzen – notfalls auch über Nacht – bis er von selbst zurückfliegt. Wenn Sie

nämlich jetzt mit Besen, Tüchern oder sonstigen unheimlichen Utensilien arbeiten, um den Vogel von seinem Platz zu scheuchen, dann prägt sich Ihrem Nymphensittich unauslöschlich ein, daß der Mensch sein schlimmster Feind ist.

Lassen Sie von nun an die Käfigtür täglich zur gleichen Stunde offen. Der Nymphensittich wird dem Drang zum Fliegen nicht widerstehen können und mit der Zeit auch immer leichter allein zu seinem Käfig zurückfinden. Ist das alles einige Male reibungslos abgelaufen, dann lassen Sie den Vogel von nun an nur mehr über Ihre Hand aus dem Käfig. Strecken Sie ihm jedesmal, wenn er heraus darf, einen Finger oder den flachen Handrücken hin und heben Sie ihn selbst aus dem Käfig. Sinn der Sache: Er gewöhnt sich noch besser an Ihre Hand und lernt sie als hilfreich schätzen.

Sind Sie Ihrem Nymphensittich einmal ganz vertraut, dann kommt auch der Moment, in dem er zum ersten Mal auf Ihre Schulter fliegt. Gehen Sie dann mit ihm auf der Schulter im Zimmer auf und ab, reden Sie mit ihm oder pfeifen oder singen Sie etwas vor. Er wird immer länger auf Ihrer Schulter sitzen und diesen Platz auch als idealen Landepunkt erkennen.

Der Alltag mit dem Vogel

Von jetzt an sollten Sie es Ihrem Nymphensittich freistellen, ob er sich tagsüber lieber in seinem Käfig aufhält oder auf dem Kletterbaum oder sonst einem bevorzugten Platz im Zimmer. Wenn Sie strikt darauf achten, daß er jede Art von Nahrung ausschließlich im Käfig vorfindet, so wird der Vogel immer wieder freiwillig dorthin zurückkehren, um sich zu stärken. Diese Augenblicke sollten Sie dann auch nützen, um die Käfigtür zu schließen, wenn Sie für längere Zeit das Zimmer verlassen müssen. Noch zutraulicher geworden, wird der Nymphensittich ohne viel Widerstreben auf Ihre Hand kommen, auf der Sie ihn dann in den Käfig setzen können.

Sie werden bald merken, welche Vorlieben und Abneigungen der Vogel entwickelt, welche Gegenstände ihn am meisten für die »Schnabelarbeit« locken und was er sonst alles neugierig untersucht. Machen Sie das Zimmer am besten »vogelsicher« und entfernen Sie alles, was dem Vogel schaden könnte, womit er sich verletzen könnte (→ Seite 38 f.) oder was Sie vor ihm in Sicherheit bringen möchten. Leider gibt es kein sicher wirksames Mittel gegen das stückchenweise Zerfetzen von Tapeten, gegen das Nagen an Wandkanten und -ecken. Die einzig mögliche Gegenmaßnahme ist der Kletterbaum, den er mehr als alles andere lieben wird, vor allem wenn dort häufig frische Zweige angeboten werden. Hat sich der Nymphensittich erst daran gewöhnt, den Kletterbaum und seinen Bauer als angestammten Lebensraum zu betrachten und kennen Sie seine Gewohnheiten, so dürfen Sie ihn in einem vogelsicheren Zimmer für längere Zeit auch allein lassen, ohne ihn einzusperren. Wichtig ist dann nur, daß kein Fenster und keine Tür auch nur einen Spalt breit geöffnet sind.

Je freier sich der Vogel fühlt, desto gelassener wird er es hinnehmen, wenn er zeitweise allein bleiben muß. Die Gesellschaft von vertrauten Menschen wird er dann besonders gerne nützen, um sich ihnen zu nähern, an deren Beschäftigungen teilzuhaben oder Stimmkontakte zu pflegen. Es kann vorkom-

men, daß Ihr Nymphensittich auf Ihrem Arbeitstisch landet, alle Dinge auf Brauchbarkeit prüft und damit zu werkeln beginnt. Höhepunkte seiner Tätigkeit sind wohlgezielte und lärmerzeugende Abstürze von beweglichen Gegenständen. So war mein Koko stets eifrig bemüht, den Behälter mit Schreibstiften über den Tisch zu schieben, bis alles scheppernd zu Boden fiel.

Allmählich sollten Sie auch gut hinhören, wenn Ihr Nymphensittich vor sich hin schwätzt. Vielleicht erkennen Sie bereits einige Wörter, die er oft gehört hat? Wiederholen Sie diese dann immer wieder und möglichst deutlich. Am besten macht das die ihm vertrauteste Person. Denken Sie auch daran, daß der Vogel alles dann am besten aufnimmt, wenn sonst wenig Treiben im Zimmer herrscht und wenn er selbst gerade nicht aktiv ist.

Pfeifen Sie ihm auch möglichst oft und deutlich einfache, kurze Melodien vor. Nymphensittiche sind besonders pfeifbegabt und ahmen derartige Melodien gerne nach. Alle sprechbegabten Vögel wiederholen aber nicht nur gepfiffene Melodien und Wörter, die man sie bewußt lehrt, sie sprechen beispielsweise auch Abschieds- oder Begrüßungsphrasen, Schimpfwörter oder das »Hallo« am Telefon nach, die sie oft in Ihrer Umgebung gehört haben. Ihr Nymphensittich wird aber alles das am liebsten nachsprechen oder nachahmen, was ihm großen Eindruck macht, was sich oft wiederholt und vor allem, was mit einer besonderen Zuwendung von Ihnen verbunden ist. Das Ammenmärchen, man müsse einem Vogel erst gewaltsam die Zunge lösen, ehe er sprechen lernt, ist Dummheit und wäre Tierquälerei.

Gute Pflege, richtige Ernährung

Die tägliche Pflege

Nymphensittiche sind leicht zu pflegen. Die wenige Pflege, die sie brauchen, muß jedoch regelmäßig und gründlich erfolgen.

● *Täglich*
müssen Sie die Näpfe für Trinkwasser und Körner ausleeren, mit kochendheißem Wasser ausspülen, gut abtrocknen und neu füllen. Mit einem eigens dafür bestimmten Löffel entfernen Sie aus dem Sand im Käfig und im Bottich des Kletterbaumes den Kot und die Hülsen der Körner und füllen nötigenfalls neuen Sand nach. Verschmutzte Äste und Sitzstangen werden entweder herausgenommen und ebenfalls unter kochendheißem Wasser gebürstet, oder Sie bürsten nicht bewegliche Äste mehrmals mit frischem, warmem Wasser im Käfig oder am Baum ab. (Alte Zahnbürsten eignen sich dafür vorzüglich.)

● *Mindestens zweimal in der Woche*
müssen Sie den Sand völlig erneuern, nachdem Sie den Bodenschuber des Käfigs gut warm abgespült und abgetrocknet haben.

● *Einmal wöchentlich*
muß die Sandschale unter dem Metallteil des Käfigs ausgewaschen werden. Auch das Spielzeug des Vogels im und außerhalb des Bauers muß einmal wöchentlich heiß abgewaschen werden; wenn nötig, auch öfter.

● *Einmal im Monat*
stellen Sie den Metallkäfig in die Badewanne oder in einen Waschzuber und lassen den Schmutz in warmem Wasser aufweichen. Dann brausen Sie alle Teile mit klarem Wasser ab und trocknen mit einem weichen Lappen nach. Sitzstangen oder Äste und deren Befestigungen werden mit Milbenspray besprüht.

● Hat der Vogel im Badehäuschen gebadet wird es heiß ausgespült, abgetrocknet und für das nächste Bad aufbewahrt.

Wichtig: Wasser ist das beste Mittel zum Saubermachen des Käfigs und aller Gegenstände, die der Vogel benützt. Spül- oder Putzmittel sind für alle Vögel schädlich und unter Umständen sogar tödlich.

Das Ausstreuen des Käfigbodens mit Sand ist nicht nur eine hygienische Maßnahme, sondern auch wichtig für die Gesundheit des Nymphensittichs. Vom Sand nimmt der Vogel täglich etwas als Verdauungshilfe auf. Außerdem ist der Sand aber auch mit Kalk und Mineralstoffen angereichert. Wenn Sie den Käfigboden statt mit Sand mit einer Art Sandpapier auslegen, das vom Handel unter der Bezeichnung Vogelsand-Teppich angeboten wird, so kann der Vogel von dessen Oberfläche zwar ein paar Körnchen abknabbern, kaum aber jene Wertstoffe dabei aufnehmen, die für seine Gesundheit wichtig sind.

Ein Kompromiß-Vorschlag: Wenn Sie lieber dieses Sandpapier verwenden, weil es keinen Staub verursacht, so bieten Sie Ihrem Vogel in einem Zusatznäpfchen stets etwas Vogelsand an.

Die Grundnahrung

Halbreife Sämereien, die wichtigste Nahrung für Nymphensittiche, finden die Vögel auch in ihrer australischen Heimat nur nach Regenzeiten. Während der übrigen Wochen und Monate leben sie hauptsächlich von ausgereiften, trockenen Samenkörnern verschiedener Gräser und wilder Getreidesorten. In Europa bietet die Futtermittelindustrie eine Körnermischung für Großsittiche an, die aus einigen Hirsesorten, aus Spitzsaat oder

Glanz, Haferkörnern, schwarzen und weißen Sonnenblumenkernen, Hanfsaat und Weizenkörnern besteht. Diese Körnermischung bietet dem Vogel alle nötigen Kohlenhydrate, Fett, Eiweiß sowie Mineralstoffe und etliche Vitamine. Die Höhe der Anteile an Vitaminen und Mineralstoffen dieser Körner hängt vom Zeitpunkt der Ernte ab, von den Lagerbedingungen sowie von der Lagerdauer. Man kann generell sagen, daß richtig gelagerte Körner ihren Gehalt an Wertstoffen mit abnehmender Tendenz bis zu 1 Jahr nach der Ernte bewahren, genießbar bleiben sie etwa 2 Jahre.

Abzuraten ist von Futtermischungen, die gleichzeitig für Großsittiche und Papageien geeignet sein sollen, denn ein beachtlicher Anteil von ihnen wird von Nymphensittichen nicht verzehrt, wie zum Beispiel Nüsse in harter Schale, Maiskörner oder Buchekkern.

Sicherlich werden Sie mit der Zeit wissen, welche Art von Körnern Ihr Nymphensittich am liebsten ißt. Reichen Sie ihm davon manchmal einige aus der Hand, um sein Vertrauen zu Ihnen zu festigen und um ihm eine Freude zu machen. Gehen Sie aber nicht so weit, diese Körnerart gesondert zu kaufen und unter die tägliche Nahrung zu mischen, damit der Vogel möglichst viel von seinen bevorzugten Körnern vorfindet. Die Mischung wäre dann nicht vielseitig genug und möglicherweise viel zu fettreich; denn besonders die sehr fetthaltigen Sonnenblumenkerne und die Hanfsaat sind bei Nymphensittichen beliebt!

Körnermischungen für Großsittiche gibt es in Samen- und Zoofachhandlungen sowie im Lebensmittelhandel. Achten Sie immer auf das Abpackdatum, das am Packungsboden eingestanzt ist. Wer seinem Nymphensittich mit der Körnermischung auch ein notwendiges Minimum an Vitaminen sichern will, kauft am besten Packungen, die nicht älter als 1 Jahr sind. Bedenken Sie bei der Wahl der Körnermischung folgendes:

• Welche Körnermischung Sie auch kaufen, machen Sie die Keimprobe. Keimfähige Körner enthalten mit großer Wahrscheinlichkeit weitaus mehr Wertstoffe als bereits keimunfähige.

• Jede Körnermischung ist nur Grundnahrung. Zusätzlich braucht Ihr Nymphensittich gekeimte Körner, Grünzeug, Obst und Äste.

Gekeimte Körner

Sobald keimfähige Körner Wasser aufnehmen, werden in den Körnern chemische Reaktionen in Gang gesetzt, die das Keimen veranlassen. Dabei werden vorhandene Vitamine, Mineralstoffe und Spurenelemente aufgeschlossen, wodurch gekeimte Körner an Wert gewinnen.

Weichen Sie von den Körnern aus der Pakkung pro Tag etwa 1 Eßlöffel voll in wenig Wasser ein. Das Wasser soll die Körner etwa 2 cm hoch bedecken. Lassen Sie sie 24 Stunden stehen, brausen sie dann in einem Sieb gut lauwarm ab und geben sie in ein flaches Schälchen. Locker – nicht luftdicht – zugedeckt bleiben die Körner dann weitere 24 bis 48 Stunden stehen. Nach 24 Stunden können Sie sie als Quellfutter, nach 48 Stunden als Keimfutter reichen. Die Körner zuvor noch einmal gut abbrausen und gründlich abtropfen lassen.

Wichtig: Gequollene und gekeimte Körner verderben rasch. Geben Sie diese Wertnahrung morgens in ein extra Schälchen, entfernen Sie aber gegen Mittag, was der Vogel nicht verzehrt hat. Diese Vorsichtsmaßnahme verhindert, daß er bereits in Fäulnis übergehende Körner aufnimmt und dadurch erkrankt. Mit der Zeit werden Sie das richtige Quantum genau kennenlernen. Außerdem werden Sie feststellen, daß Ihr Vogel eine Zeitlang die gekeimten Körner geradezu gierig und ißt und sie dann wieder tage- oder wochenlang ignoriert. Machen Sie also eine Pause mit den gekeimten Körnern, wenn Sie bemerken, daß der Vogel sie gegenwärtig überhaupt nicht mag.

Zusätzliches Nahrungsangebot

Zusätzlich zur Grundnahrung braucht Ihr Nymphensittich täglich Frischkost. Je früher Sie ihn daran gewöhnen, desto lieber wird er davon essen. Bieten Sie ihm möglichst zweierlei Arten Frischkost an. Bekommt er nämlich beispielsweise nur Petersilie oder nur Apfel und mag er sie gerade einmal nicht, so wird er sie auch nicht berühren; hat er aber die Wahl zwischen zweierlei Dingen, so bedient er sich vielleicht aus dem Angebot.
Wichtig: Nichts darf direkt aus dem Kühlschrank entnommen und noch kalt sein. Der Vogel darf kein überlagertes, welkes oder gar fauliges Obst oder Grünzeug bekommen. Alles muß vor dem Verzehr lauwarm gewaschen und gut trockengetupft werden.
Bekömmliches Grünzeug sind: Petersilie, Spinat, Mangold, Kopfsalat, Endiviensalat, Rapunzelsalat, Möhrenkraut, Vogelmiere, Löwenzahn, frische Zweige von Obstbaum, Weide oder Haselnuß, im Frühjahr mit Knospenansätzen. Wenn Sie Grünzeug selber pflücken, meiden Sie Wiesen und Ge-

büsch in der Nähe von Autostraßen, denn giftige Auspuffstoffe lassen sich nicht restlos durch das Abwaschen entfernen und können zum Tode führen.
Bekömmliches Obst und Gemüse sind: Apfel, Birne, Erdbeeren, Weintrauben, Kiwi, Kirschen, Ebereschen (Vogelbeeren), Möhren, geschabt und gewaschen, Kohlrabi, geschält. Wenn Ihr Sittich Möhren oder Kohlrabi im Stück nicht berührt, so bieten Sie ihm dieses Gemüse einmal geraspelt an.

Vitamine sind lebenswichtig

Es ist bekannt, daß beispielsweise Petersilie reich an Vitamin A ist. Überlagerte, welke, künstlich frisch gehaltene oder in schlechtem Boden gewachsene Petersilie enthält aber nur noch wenig bis gar kein Vitamin A mehr. Dies gilt für alle vitaminhaltigen Pflanzen. Vitamine sind aber lebenswichtig. Je kleiner der Organismus, desto empfindlicher reagiert er auf vitaminarme Nahrung. Viele ernsthafte Erkrankungen bei Vögeln resultieren aus anhaltendem Vitaminmangel. Deshalb rate ich Ihnen, trotz abwechslungsreicher Frischkost dem Nymphensittich das Trinkwasser mit Vitaminen anzureichern. Ich verwende Vitaminpräparate aus der Apotheke und gebe täglich ein paar Tropfen Multimulsin oder eine Messerspitze Completovit ins Trinkwasser. Aber auch Hersteller von Tiernahrung bieten Vitaminmischungen an, die ins Trinkwasser gegeben oder über das Körnerfutter gestreut/geträufelt werden.

Gute Pflege, richtige Ernährung

Kalk und Phosphor

Beide Mineralien sind in der bisher beschriebenen Nahrung nur in kleinen Mengen enthalten. Das gleicht man durch gute Kalksteine aus, die zum Knabbern und zum Schnabelwetzen im Handel erhältlich sind. Halten Sie so einen Kalkstein stets auf Vorrat, denn es kann vorkommen, daß der Vogel wochenlang den Stein nicht berührt, ihn dann aber so lange benagt, bis er zerbröckelt. Achten Sie beim Kauf auf den Hinweis: »Kalkstein, enthält alle Stoffe zum Aufbau des Knochengerüstes und zur Bildung der Federn«. Anstelle eines gepreßten Kalksteines können Sie auch Sepia, den kalkhaltigen Schulp eines Tintenfisches, anbieten. Manche Nymphensittiche ziehen Sepia dem Kalkstein vor. Außerdem enthält auch der Vogelsand Kalk.
Zerdrückte Eierschalen – von rohen oder gekochten Eiern – als Kalkzugabe für Heimvögel sind nicht ratsam, da sie einerseits Salmonellen- und Bakterienträger sein können, andererseits außer Kalk keine anderen wesentlichen Wertstoffe enthalten.

Die feinen Extras

Außer den bereits besprochenen Dingen sollten Nymphensittiche täglich auch Kolbenhirse bekommen. Dieser gesunde Zusatz-Leckerbissen wird im Krankheitsfall sogar als ausschließliche Nahrung empfohlen. Außerdem bietet der Handel Knabberringe, -herzchen oder -stangen an, eine normale Körnermischung, die mit Hilfe von Zucker- oder Honiglösung befestigt wurde. Da das Lösen für die Vögel ein bißchen Knabberarbeit bedeutet, mögen sie diese sehr gerne.

Normaler Zwieback oder spezielle Waffeln, die der Tierhandel anbietet, sind ebenfalls beliebtes Knabberwerk für Nymphensittiche. Etwa zweimal in der Woche sollten Sie Ihren Vogel besonders verwöhnen und ihm $1/4$ hartgekochtes, kleingehacktes Ei servieren.

Nymphensittiche führen die Nahrung nicht wie große Papageien mit dem Fuß zum Schnabel, sondern halten sie mit dem Fuß fest, so können sie leichter daran knabbern.

Die richtige Dosierung der Nahrung

Vögel haben einen rascheren Stoffwechsel und benötigen deshalb häufiger am Tage Nahrung als beispielsweise Säugetiere. Man sollte seinen Vogel täglich zur gleichen Tageszeit mit frischer Nahrung und Trinkwasser versorgen. Die Nahrung braucht nicht rationiert zu werden, wenn eine ausgewogene Körnermischung gereicht wird. Ein kleines Problem: Der Nymphensittich enthülst die Körner geschickt mit dem Schnabel. Die leeren Hülsen fallen in das Futternäpfchen zurück und bedecken dann die Oberfläche. Der Nymphensittich findet nach einigen Kleinstmahlzeiten die vollen Körner nicht mehr unter der Hülsenschicht. Sie müssen also die leeren Hülsen von Zeit zu Zeit entfernen. Damit es keine Panne gibt, wenn Sie es einmal vergessen, ist es gut, dem Vogel in mehreren, möglichst flachen Näpfchen Körner anzubieten. 1- bis 2mal am Tage nehmen Sie die leeren Hülsen an der Oberfläche mit einem Eierlöffelchen ab. Sie sollten auch daran denken, daß Sie einmal unvorhergesehen am Nachhausekommen gehindert werden können. Die angebotene Nahrung sollte im Notfall deshalb immer für 2 bis 3 Tage reichen. Aus diesem Grunde ist es gut, wenn immer genügend Kolbenhirse zusätzlich im Käfig hängt. Selbst wenn Sie einmal nicht dazu kommen, den Vogel zu versorgen, so ist abgestandenes Trinkwasser in einer solchen Situation besser als keines; die Hauptsache ist, der Vogel findet genügend Körnernahrung vor. Sie brauchen keine Sorge zu haben, daß ein gesunder Vogel, der genügend Zuwendung bekommt und Beschäftigung hat, so viel Nahrung zu sich nimmt, daß er verfettet. Achten Sie aber darauf, daß der Nymphensittich nicht von den Mahlzeiten der Menschen nascht. Wurst, Käse, Butter, Milch, Kaffee, Bier und Gewürze sind für ihn schädlich. Sie können Durchfall hervorrufen, es kann aber auch zu einer Dauermauser oder gar zu Leberverfettung mit tödlichem Ausgang kommen.

Wenn Ihr Nymphensittich nicht ohnehin während Ihrer Mahlzeiten im gleichen Zimmer in seinem Bauer von seinen Körnern ißt, sondern von Ihrem Tisch naschen möchte, so sperren Sie ihn während Ihrer Mahlzeiten lieber ein. Sitzen Sie am Abend gemütlich beisammen und haben nur Nüsse oder Kekse auf dem Tisch, so dürfen Sie dem Sittich ruhig erlauben, an einem Keks oder an einer Erdnuß zu knabbern.

Trinkwasser

Nymphensittiche kommen nur im äußersten Notfall einmal bis zu 24 Stunden ohne Wasseraufnahme aus. In Australien hat man beobachtet, daß sie 3- bis 4mal täglich zu den Wasserstellen kommen, um zu trinken oder zu baden oder beides gleichzeitig. Ein Nymphensittich, der als Heimvogel meist in geheizten, also trockenen Räumen lebt, braucht jederzeit frisches Trinkwasser. Freilich sollte das Wasser möglichst wenig Chlor enthalten. Wer in einer Gegend wohnt, in der das Leitungswasser übermäßig stark gechlort ist, sollte daher besser den im Handel angebotenen Vogeltrank verwenden, ein besonders reines und bekömmliches Trinkwasser für Heimvögel. Abgekochtes Wasser oder kalten Kräutertee braucht der Nymphensittich nur auf spezielle ärztliche Empfehlung bei Darmerkrankungen. Dagegen sollte das normale Trinkwasser niemals zu kalt und täglich frisch gereicht werden, im Sommer oder wenn es verschmutzt ist, müssen Sie es 2- bis 3mal täglich erneuern. Daß der Trinknapf nicht überdacht sein sollte, wurde bereits gesagt.

Wasserspender erweisen sich vor allem dann als zweckmäßig, wenn man den Vogel für eine kleine Zeitspanne im voraus versorgen muß.

Gefahren für Ihren Vogel

Auch wenn Ihr Nymphensittich zahm, gesund, gut ernährt und lebenslustig ist, drohen ihm in der Wohnung mancherlei Gefahren. Daher nenne ich Ihnen hier die häufigsten Unfall- und Verletzungsgefahren, damit Sie Ihren Sittich davor bewahren können.

Größte Gefahr: Wegfliegen

Die meisten Vögel gehen elend zugrunde, wenn sie entflogen sind und nicht zufällig wieder Aufnahme bei Menschen finden. Für den Nymphensittich gibt es viele Gelegenheiten, wegzufliegen:
- offenstehende Türen und Fenster;
- nicht richtig geschlossene Käfigtür;
- lockere Käfigstäbe, durch die der Vogel durchschlüpfen kann.

Viele Nymphensittichhalter glauben, ein Store vor dem offenen oder gekippten Fenster hindere den Vogel am Wegfliegen. Nymphensittiche klettern aber gerne am Store hoch, schlüpfen durch eine noch so kleine Lücke, klettern auf der anderen Seite wieder hinunter, und schon sind sie draußen. Ich habe deshalb einen Fensterflügel in dem Zimmer vergittern lassen, in dem ich einen Vogel halte. Ein leichter Holzrahmen wurde mit 1 × 1 cm Maschendraht bespannt und im äußeren Fensterrahmen befestigt. So kann ich lüften oder das Fenster gekippt halten, ohne ständig in Sorge sein zu müssen, daß der Vogel in einem unbeaufsichtigten Augenblick entfliegt.

Auch der zahmste Nymphensittich, der stets in Gesellschaft seines Menschenkumpans bleibt, sei es bei offenem Fenster, auf dem Balkon, auf dem Weg zur Mülltonne oder zum Auto, kann nach Jahren, in denen alles immer gut ging, eines Tages durch einen heftigen Knall erschrecken, in Panik hochfliegen und außer Sichtweite geraten. Er findet dann nicht zurück. In seiner Angst vor der unbekannten Welt fliegt er immer schneller weiter weg.

Von 100 gut gehüteten Nymphensittichen fliegen etwa 60 »aus Versehen« weg! Das Wegfliegen ist also die größte Gefahr. Um allen anderen Unglücksmöglichkeiten zu begegnen, genügt es, den folgenden Gefahrenkatalog zu studieren.

Katalog der alltäglichen Gefahren

Zugluft beim Lüften: Nymphensittiche sind höchst empfindlich, Kropfentzündung, Lungenentzündung!

Pralle Sonne, überhitzte Räume: Der Vogel kann nicht in den Schatten ausweichen – Gefahr des Herschlages.

Plötzliche Temperaturunterschiede: Verträglich sind Temperaturen zwischen 24 und 5 Grad C. Der Vogel muß allmählich an neue Temperaturen gewöhnt werden.

Spalten zwischen Wand und Möbel: Abrutschen, Einklemmen.

Bücherregale: Der Vogel kann hinter die Bücher schlüpfen, kommt aber allein nicht mehr heraus.

Schubladen, Schränke: Der neugierige Vogel untersucht gern ihren Inhalt. Wird er unbemerkt darin eingeschlossen, kann er verhungern oder ersticken.

Küche: Dämpfe und Dünste: Ersticken; der überhitzte Raum, aber auch notwendiges Lüften führen zu Erkältungen.

Heiße Töpfe, Schüsseln mit heißem Inhalt: Verbrühen, Ertrinken!

Heiße Herdplatte: Verbrennungen, Tod durch Verbrennen.

Gefahren für Ihren Vogel

Reste von Putzmitteln und Chemikalien: Vergiftung!

Gekipptes Fenster: Wegfliegen!

Offenes WC: Abrutschen, Ertrinken!

Gefüllte Wannen und Waschbecken, Gefäße mit Wasser: Ertrinken. Schaum auf der Wasseroberfläche wird als Landefläche angesehen.

Fensterscheibe, Glaswände: Dagegenfliegen! Gehirnerschütterung, Schädel- oder Genickbruch!

Türen: Einklemmen, Zerquetschen!

Öfen, elektrische Geräte: Verbrennungen oder Tod durch Verbrennen.

Elektrische Kabel, Steckdosen: Stromschlag durch Annagen!

Kerzenlicht: Für den freifliegenden Vogel gefährlich. Verbrennungen, Tod durch Verbrennen.

Leere Ziergefäße: Hineinrutschen, nicht allein wieder Herauskommen. Ersticken, Verhungern, Herzschlag! (Die Gefäße mit Sand oder Papier füllen.)

Bierkrüge, Bechergläser: Hineinrutschen, Ertrinken, Ersticken! (Zudecken, leer umdrehen.)

Gestricktes, Gehäkeltes: Verfangen mit den Zehen. Erhängen.

Garn, Bindfaden, Ketten: Erdrosseln durch Schlingenbildung.

Harter Fußboden: Bei nicht voll flugfähigen Vögeln, die bei der Landung hart aufprallen Beinbruch, Brustquetschungen!

Ungeeignete Drahtabstände bei Käfig und Voliere: Durchstecken des Köpfchens – Erdrosseln oder sonstige Verletzungen!

Dünner, scharfer Draht: Zehen- und Kopfverletzungen!

Zu dünne Sitzstangen: Auswachsen der Krallen, Knorpelbildung.

Spitze Gegenstände, Drahtenden, Nägel,

Splitter: Verletzungen, Stichwunden!

Menschenfuß: Zertreten!

Sessel, Stühle, Couch: Zerquetschen beim Hinsetzen!

Gifte: Tödliches Gift: Blei, Grünspan, Rost, kunststoffbeschichtete Pfannen, Putzmittel, Quecksilber. Schädlich sind: Bleistiftspitzen, Kugelschreiber- und Filzstiftminen, Alkohol, Kaffee, scharfe Gewürze.

In der Küche lauern besonders viele Gefahren.

Pflanzenschutzmittel: Alles, was Insekten oder Ungeziefer vertilgt, ist für den Vogel lebensgefährlich. Niemals Pflanzen im »Vogelzimmer« spritzen, keine gespritzten Pflanzen ins Zimmer bringen.

Giftige Pflanzen: Eibe, Narzisse, Primel, Seidelbast, Oleander.

Kakteen: schwere Augenverletzungen und Hautschäden durch die Stacheln.

Nikotin: Verräucherte Luft schadet! Nikotin ist tödlich!

Milben, Ungeziefer: Käfig, Spielzeug, Lieblingsplätze desinfizieren, den Vogel aber niemals bestäuben oder besprühen. Ersticken, Vergiftung! Bei Parasitenbefall: Zum Tierarzt!

Für Menschen bestimmte Nahrung: Im allgemeinen schädlich.

Wenn der Nymphensittich krank ist

Die äußeren Anzeichen

Ein Nymphensittich, der sich nicht wohl fühlt, fällt schon durch sein lustloses Verhalten auf: Er sitzt teilnahmslos auf seinem Ast, seinen Kopf nach hinten gedreht und den Schnabel ins Rückengefieder gesteckt. Dabei verfolgt er mit müdem Blick, was dicht um ihn vorgeht. Sein Gefieder ist aufgeplustert, er ruht auf beiden Beinen, nicht wie gewöhnlich in Ruhestellung auf nur einem Bein. Allerdings, das Sitzen und Schlafen auf beiden Beinen allein ist noch kein Zeichen für eine Erkrankung. Manche Nymphensittiche schlafen auch in gesunden Tagen auf beiden Beinen ruhend. Krankheit ist noch an anderen Zeichen zu erkennen: Der Vogel wird viel seltener als sonst und nur ganz wenig essen. Geht es ihm sehr schlecht, dann hockt er vielleicht sogar kraftlos auf dem Boden des Bauers. Vielleicht bleibt der kranke Nymphensittich auch auf seinem Lieblingsast, sitzt dann aber nicht mehr aufrecht, sondern hält den Körper waagerecht, den Schwanz leicht nach unten geneigt. Hat der Vogel Schmerzen, wird er zwischendurch mit leichtem Zittern zeitweilig die gefalteten Flügel seitwärts abstellen und in die Luft beißen. Oft atmet ein kranker Vogel auch schwer.

Untersuchen Sie vor allem den Kot des Vogels. Schleimiger, flüssig-breiiger oder wäßriger Kot ist ein Alarmzeichen. Gelegentlich wäßriger Kot, ohne daß der Nymphensittich einen kranken Eindruck macht, kann von einer harmlosen Verstimmung kommen. Manche Nymphensittiche setzen auch kurzfristig nach dem Bad wäßrigen Kot ab, viele reagieren auf Erschrecken so.

Ein weiteres Alarmzeichen: Kropf und Hals sondern Schleim ab. Der Vogel würgt dann häufig und schüttelt den Kopf, um den Schleim wegzuschleudern. Sie brauchen jedoch nicht zu erschrecken, wenn der gesunde Vogel mehrmals hintereinander den Schnabel aufreißt und sich dabei hoch aufreckt, was so ähnlich wirkt wie Gähnen.

Der Vogel sitzt aufgeplustert auf dem Boden des Bauers und nimmt kaum Nahrung zu sich; er ist ernsthaft krank und sollte sofort zum Tierarzt gebracht werden.

Der gesunde Nymphensittich versucht auf diese Weise, Sauerstoffmangel auszugleichen. Wenn der Vogel dem Niesen ähnliche Geräusche macht, ist das ein Ersatz für die Benützung eines Taschentuchs.

Vogelapotheke und Erste Hilfe

Einen kleinen Vorrat an Utensilien für Erste Hilfe sollte jeder Vogelhalter bereithalten: eine stumpfe Pinzette, eine Pipette, eine Schere mit abgerundeter Spitze, etwas Jodtinktur, Watte, blutstillende Watte, Tierkohle sowie eine schmale Mullbinde.

Wichtig: Schaffen Sie sich eine Rotlichtlampe für Krankheitsfälle an.

Ein kranker Vogel sollte einen Käfig für sich alleine haben. Wenn Sie ein Pärchen

Wenn der Nymphensittich krank ist

haben, lassen Sie den kranken Vogel am besten in seinem vertrauten Käfig und geben seinem Artgenossen einen Ersatzkäfig, den Sie nötigenfalls auch in einem anderen Zimmer unterbringen. Der Raum für den kranken Vogel muß warm und still und darf nicht grell beleuchtet sein. Bestrahlen Sie den kranken Vogel mit der Rotlichtlampe. Sie spendet nicht nur Wärme, ihre Strahlen dringen auch unter die Haut des Vogels und regen Blutkreislauf und Stoffwechsel an. Die Blutgefäße erweitern sich, wodurch schädliche Stoffe rascher abgebaut werden können, durch die Strahlen werden außerdem Abwehrstoffe aktiviert. Der Abstand des Strahlers vom Käfig sollte etwa 40 cm betragen. Prüfen Sie sorgfältig die Temperatur, sie sollte nicht über 35 Grad C liegen. Diese Bestrahlungen nehmen Sie etwa 3- bis 4mal täglich 30 bis 60 Minuten lang vor; Vögel, die einen schwerkranken Eindruck machen, können – wenn nötig – Tag und Nacht unter Rotlicht sitzen. Die regelmäßige Wärme tut den Tieren gut. Sorgen Sie aber dafür, daß der Vogel in seinem Käfig der Bestrahlung ausweichen kann, für den Fall, daß es ihm zu warm wird. Das Rotlicht sollte also nur den halben Käfig bestrahlen.

Wichtig: Nach der Bestrahlung darf die Umgebungstemperatur nicht rapide absinken. Versuchen Sie die Wärme nach den Bestrahlungen durch eine elektrische Birne, die hinter einem Tuch auf den Käfig strahlt, auf annähernd 30 Grad C zu halten.

Handelt es sich um eine Erkrankung der Atmungsorgane – der Vogel würgt Schleim auf, hat Nasenschleim oder sein Atem ist von leichtem Rasseln begleitet – so müssen Sie während der Bestrahlung für genügend Luftfeuchtigkeit sorgen. Zu diesem Zweck stellen Sie eine Schüssel mit heißem Wasser

in die Nähe des Käfigs. Die Käfigtür dabei geschlossen halten, damit der Vogel nicht mit dem heißen Wasser in Berührung kommt.

Infrarotstrahlen helfen, die Abwehrstoffe des kranken Vogels zu aktivieren.

Diese ersten Maßnahmen dürfen bei andauernder Krankheit auch nicht die einzige Behandlung bleiben. Kommt Ihnen der Vogel nach wenigen Stunden immer noch krank vor, müssen Sie ihn unbedingt zum Tierarzt bringen oder den Tierarzt zu sich bitten. Ein Transport sollte nur dann erfolgen, wenn der Vogel dabei keine Abkühlung erfährt, also im geheizten Auto! Den Käfig lose in eine warme Decke einschlagen.

Rat für die Behandlung: Muß der Vogel für irgendeine Maßnahme in die Hand genommen werden, greifen Sie ihn richtig: Die rechte Hand legt sich vor die Brust des Vogels, mit der linken greifen Sie von oben über den Kopf. Der Kopf liegt dann zwischen Daumen und Zeigefinger, die restlichen Finger umfassen den Bauch. Zum Untersuchen kann der Vogel dann gut bäuchlings betrachtet werden, Sie haben die rechte Hand frei für Hantierungen. Fangen

Wenn der Nymphensittich krank ist

Sie den Vogel niemals aus dem Flug, dabei kann er sich zu leicht die Flügel oder das Schultergelenk verletzen. Ist der Vogel bei Tageslicht nicht zu greifen, weil er noch scheu ist, warten Sie den Abend ab und greifen Sie ihn erst bei Dunkelheit.

Die Nymphensittichkrankheiten und wie Sie helfen können

Mauser (keine Krankheit)
Symptome: mehr oder weniger starker Federausfall; bei älteren Vögeln manchmal bis zur Flugunfähigkeit. Dauer 2 bis 3 Wochen; in Gefangenschaft, unabhängig von äußeren Einflüssen, 2- bis 3mal jährlich.
Ursache: Erneuerung des Gefieders.
Behandlung: vitamin- und mineralstoffreiche Ernährung, also gekeimte Körner, Grünzeug, Obst, Kalk; gleichmäßige Wärme, Ruhe. Ältere Vögel können während der Mauser oft schwach und kränklich werden. Dann zusätzlich bis zu 3mal täglich Infrarotbestrahlung.

Dauermauser
Symptome: starker Federausfall über mehrere Monate, der zu kahlen Stellen führen kann. Eventuell begleitet von a) starker Unruhe des Vogels und hastigem, pausenlosem »Putzen«; b) Durchfall mit gelblichem bis bräunlichem Kot; c) mißgebildet nachwachsenden Federn; d) Fettsucht.
Ursachen: a) Parasitenbefall; in erster Linie durch die rote Vogelmilbe (→Seite 44 – Parasitenbefall).
b) Vitamin- und mineralstoffarme Nahrung kann zu Stoffwechselkrankheiten führen, die einen verstärkten Juckreiz auf der Haut auslösen. Vielfach ist zu lange gelagertes, ranzi-

ges Körnerfutter die Hauptursache. Gelblicher bis bräunlicher Kot weist auf Lebererkrankungen hin. In diesem Fall sollte der Tierarzt ein Leberschutzpräparat verschreiben.
c) lang andauernde mangelhafte Ernährung.
d) Sittiche, die zuwenig Bewegung, aber zuviel Nahrung erhalten, können an Fettsucht erkranken, die oft mit starkem Juckreiz verbunden ist. Hier hilft eine Rationierung des Körnerfutters, indem man täglich höchstens 2 gestrichene Eßlöffel von besten Körnern, wenn möglich in zwei Portionen gibt. Körner sollten keinen Hanf und nur wenig Sonnenblumenkerne enthalten, da diese 50 Prozent Rohfett enthalten. Auch Hirse und Honigkolben sollten gestrichen werden. Der Vogel muß in kühlen Räumen gehalten werden.
Erste Maßnahmen: vitamin- und mineralstoffreiche Ernährung, also gekeimte Körner, Grünzeug, Obst, Kalk; (gleichmäßige) Wärme und Ruhe.
Behandlung: gezielte Therapie durch den Tierarzt.

Federrupfen
Symptome: Der Vogel rupft sich ohne erkennbaren Grund die Federn aus. Kahle, oft blutverkrustete Stellen oder gar völlig kahle Körperpartien sind die Folge.
Mögliche Ursachen: Unterschiedliche Erklärungen der Tierärzte: psychische Störungen durch Langeweile, Einsamkeit oder Trennungsschmerz vom Partner (auch Menschenpartner); zu trockene Luft (Zentralheizung); Mangelerscheinung durch Stoffwechselstörungen; Juckreiz durch Fettsucht, chronische Hautentzündungen als Auslöser; latente Vergiftungserscheinungen durch mit Insektiziden behandelte Kolbenhirse.

Wenn der Nymphensittich krank ist

Erste Maßnahmen: Zugabe von Eiweiß zur Nahrung in Form von Ameisenpuppen, hartgekochtem Eigelb, Quark; frische Zweige zum Nagen, Kletterbaum. Viel Zuwendung und Beschäftigung mit dem Vogel; Zugesellen eines Partners.
Behandlung: Den Rat eines auf Papageien spezialisierten Tierarztes einholen.

Verdickung unter der Haut

Symptome: a) kleine Beulen, b) Fettpolster unter der Haut, c) Luftansammlungen, d) Federbalgzysten.
Mögliche Ursachen und erste Maßnahmen:
a) gutartige Geschwülste des Fettgewebes (Lipome); können operativ in Vollnarkose entfernt werden.
b) Fettpolster unterscheiden sich von Geschwüren dadurch, daß sie gelblich durch die dünne Haut schimmern, während bei Geschwülsten die Haut fast immer verdickt ist (→ Dauermauser).
c) Luftsackrisse unter der Haut können zu Luftansammlungen führen, die wie kleine

oder auch größere Ballons die Haut blähen. Luftsäcke stehen mit den Lungen in unmittelbarer Verbindung und belüften die großen Röhrenknochen. Sie reichen teilweise bis unter die Haut. Wird ein Luftsack durch Sturz oder Aufprall verletzt, strömt die Luft unter die Haut des Vogels und es kommt zu Aufwölbungen. Nur der Tierarzt kann durch einen Einstich diese Luftansammlung zum Verschwinden bringen. Der Vogel sollte nach der Behandlung mindestens 1 Woche in seinem Käfig bleiben, damit sich die Rißstelle wieder schließen kann.
d) Die etwa stecknadelkopfgroßen Federbalgzysten bilden sich, wenn die Federn die Haut beim Nachwachsen nicht durchdringen können. Wenn Sie bemerken, daß Ihr Vogel an einer solchen Stelle des Gefieders ständig nestelt, sollten Sie ihn zum Tierarzt bringen.

Verletzungen der Haut

Symptome: blutige Federn, Blut auf der Sitzstange.
Mögliche Ursachen: Risse oder Schnitte durch spitze oder scharfe Gegenstände, durch schadhaftes Käfiggitter, durch verletzte Krallen oder Bißwunden durch Artgenossen.
Erste Maßnahmen: Wunden nur bei starken Blutungen mit blutstillender Watte betupfen oder verbinden; kleinere Wunden unberührt lassen.
Behandlung: Bei stark blutenden Wunden, die von Verletzungen der Blutgefäße herrühren – besonders am Kopf und am Kropf – sofort den Tierarzt aufsuchen.

Parasitenbefall

Symptome: Die Vögel kratzen sich häufig, picken an Haut und Gefieder und sind oft in der Nacht besonders unruhig.

»Federfresser«, auch »Federrupfer« genannt, gibt es auch bei Nymphensittichen.

Wenn der Nymphensittich krank ist

Mögliche Ursachen: rote Milben, Federlinge oder Läuse.

Erste Maßnahmen: Federlinge oder Läuse erkennt man mit bloßem Auge im Gefieder des Vogels. Die rote Vogelmilbe plagt den Vogel nachts, indem sie an ihm saugt. Tagsüber verkriecht sie sich in dunklen Ritzen. Findet man im Gefieder des Vogels keine Läuse oder Federlinge, so besteht der Verdacht, daß der Vogel von der roten Vogelmilbe befallen wird. Nachts ein weißes Tuch über den Käfig decken; am nächsten Morgen entdeckt man rote oder schwarze bewegliche Punkte. Zunächst müssen alle Holzteile des Käfigs, möglicherweise auch der Kletterbaum und Gegenstände in der Umgebung des Vogels desinfiziert und mit Milbenspray behandelt werden. Diese Maßnahmen im Abstand von 2 bis 3 Wochen 4- bis 5mal wiederholen, um sicherzustellen, daß auch nachwachsende Milben vernichtet werden. Bei Befall von Federlingen oder Läusen muß der Vogel selbst mit einem vom Tierarzt empfohlenen Puder behandelt werden.

Werden der Käfig und die nähere Umgebung des Vogels mit einem Milbenspray behandelt, so muß der Vogel für diese Maßnahme unbedingt aus dem Zimmer entfernt werden.

Achtung! Der Vogel selbst darf niemals mit Spray behandelt werden. Auch bei sorgfältigem Abdecken des Kopfes können die Vögel das Spray einatmen. Schwere Atemnot oder ein Lungenödem können die verheerende Folge davon sein. Außerdem reizt das Spraygas die Bindehäute des Auges und führt zu Entzündungen. Zusätzlich dringt das Spray auch unter die sehr dünne Haut des Vogels, wird resorbiert und führt zu Vergiftungserscheinungen. Vergiftungen können übrigens auch bei allen anderen Sprays auftreten. Für die therapeutische Behandlung eines Vogels stets nur Puder verwenden.

Sittichräude (Schnabelschwamm)

Symptome: schwammartige weißgraue Wucherungen am Schnabel, der Wachshaut, in der Augengegend und manchmal auch an den Beinen. Als kaum sichtbarer grauer Belag beginnend, kann sich die Räude bis zu hornartigen Wucherungen erweitern.

Mögliche Ursache: Räudemilben.

Erste Maßnahmen: keine.

Behandlung: Bei Befall der Beine sofort den Ring entfernen, da die Beine sich rasch verdicken können und der Ring dann das Bein einschnürt. Den Tierarzt aufsuchen und den Vogel mit dem verschriebenen Präparat behandeln.

Ausgewachsene Krallen

Symptome: häufiges Hängenbleiben, überlange, manchmal sogar spiralförmig gewundene Zehennägel.

Mögliche Ursachen: zu dünne und zu glatte Sitzstangen, zu wenig Bewegungsmöglichkeiten auf naturgewachsenen Zweigen.

Erste Maßnahmen: Naturzweige verschiedener Stärke anbringen, rauhe Steine in den Käfig legen. Krallen kürzen: Den Vogel mit der linken Hand wie beschrieben umfassen,

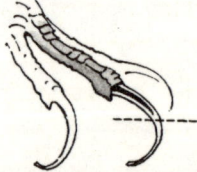

Halten Sie beim Schneiden den Vogelfuß gegen das Licht, damit Sie die durchbluteten dunklen Teile der Krallen gut erkennen können.

Wenn der Nymphensittich krank ist

die Zehen gegen ein starkes Licht halten, die dunklen Blutgefäße im Horn der Krallen sind dann gut sichtbar. Die Krallen vorsichtig bis kurz vor den Blutgefäßen abschneiden (→ Zeichnung). Sollte es dabei zu einer Blutung kommen, blutstillende Watte auf die Zehen drücken. Fällt die Watte ab, ist die Blutung zum Stehen gekommen. Ängstliche Vogelhalter sollten dies vom Tierarzt erledigen lassen.

So hält man den Vogel beim Krallenschneiden: Damit er nicht beißen kann, werden Kopf und Schnabel mit Daumen und Zeigefinger fixiert.

Zu langer Schnabel

Symptome: Meist wachsen der Oberschnabel und manchmal auch der Unterschnabel seitlich so weit nach unten oder oben, daß keine Nahrungsaufnahme mehr möglich ist.
Mögliche Ursachen: falsche Ernährung, zu geringe Abnützung des Schnabels; nach Meinung vieler Ornithologen handelt es sich überwiegend um einen erblichen Faktor.
Erste Maßnahmen: keine.
Behandlung: Der Tierarzt muß den Schnabel unter Umständen in regelmäßigen Abständen kürzen.

Verstopfung

Symptome: Der Vogel muß sich beim Kotabsetzen offensichtlich anstrengen und bewegt dabei den Hinterkörper hin und her.
Mögliche Ursachen: falsche Ernährung, Fettsucht, bei sehr alten Vögeln Schwäche der Darmtätigkeit, bei Nymphensittichen glücklicherweise selten Beckengeschwülste.
Erste Maßnahmen: Viel Obst und Grünzeug anbieten, vor allem gekeimte Körner, dem Vogel viel Bewegungsfreiheit geben.
Achtung! Bei Nymphensittichweibchen treten ähnliche Symptome wie bei Verstopfung auch auf, wenn es in Legenot ist.
Behandlung: Wenn nach etwa 4 Stunden kein Kot, den Vogel unbedingt zum Tierarzt bringen.

Durchfall

Es muß sich nicht unbedingt um einen krankhaften Durchfall handeln, wenn Ihr Sittich einmal dünnen, breiigen oder gar wäßrigen Kot absetzt. Einem gesunden Vogel kann man gar nicht genügend Obst und Grünzeug anbieten. Daraus ergibt sich oft dieser weiche bis wäßrige Kot, der von der im Obst enthaltenen Säure herbeigeführt wird. Diese Erscheinung ist vollkommen harmlos, wenn sich der Vogel dabei normal verhält und keinen kranken Eindruck macht. Viele Vogelhalter streichen ihrem Sittich Obst und Grünzeug für immer, weil sie meinen, der daraus resultierende zu dünne Kot wäre krankhaft.
Symptome bei krankhaftem Durchfall: wäßriger oder breiiger, oft verfärbter Kot, verklebtes Gefieder um die Kloake, auffallend apathisches oder verändertes Verhalten des Vogels.
Mögliche Ursachen: Erkältung durch Zugluft oder raschen Temperaturwechsel, durch zu

kaltes Trink- oder Badewasser, zu kalte oder verdorbene Nahrung, bereits verfaultes Obst oder Grünzeug, stark gesalzene oder gewürzte Nahrung, Knabbern an unverträglichen oder giftigen Stoffen, zum Beispiel bleihaltigen Farben, unverträglichen Zimmerpflanzen, Magen-, Darm- oder Nierenentzündung, Infektionen, Parasitenbefall, Stoffwechselerkrankung, auch psychische Störungen.

Erste Maßnahmen: Verschmutztes Gefieder lauwarm waschen und gut trocknen lassen; Infrarotbestrahlung ist sehr zu empfehlen! Isolieren von Artgenossen.

<u>Wichtig!</u> Keine Frischkost; Tierkohle auf die Körner streuen, in hartnäckigen Fällen Körner leicht rösten, abgekochtes Wasser oder lauwarmen Kamillentee reichen; bei starkem Durchfall auch in Kamillentee getunkten Zwieback oder altbackenes Brötchen geben, da der Vogel durch den Durchfall unter Umständen mehr Flüssigkeit braucht. Gleichmäßige Wärme und Ruhe.

Behandlung: Bei über 12 Stunden anhaltendem Durchfall mit offensichtlich verändertem Verhalten, verbunden mit Schwäche oder anderen Erscheinungen muß eine ernsthafte Erkrankung angenommen werden. Auf keinen Fall sollte man sich ein vorbeugendes Antibiotikum für den Vogel verschreiben lassen, sondern darauf bestehen, daß der Kot in einem veterinärmedizinischen Institut untersucht wird, um die wahre Ursache zu klären.

Brüche

Symptome: Brüche an Lauf und Zehen sind sichtbar, an Ober- und Unterschenkeln jedoch kaum wahrnehmbar, da diese im Körperinneren liegen, doch kann man eine Bewegungshemmung des Vogels bemerken. Flügelbrüche sind ebenfalls sichtbar.

Mögliche Ursachen: Sturz, Aufprall, Hängenbleiben.

Erste Maßnahmen: Bei Beinbrüchen den Vogel 14 Tage lang allein in einen Käfig setzen. Der Vogel soll eine Sitzstange zur Verfügung haben, auf der er ruhen kann. Futter- und Wassernäpfchen hängt man seitlich an die Käfigwände in Höhe der Sitzstange, so daß der Vogel sie bequem erreichen kann. Der Vogel soll auf der Stange sitzen, weil er dann das gebrochene Bein herabhängen läßt und so dauerhaft entlastet.

Bei Flügelbrüchen vom Tierarzt einen fachgerechten Verband anlegen lassen.

Verstopfte Fettdrüse

Symptome: Verdickung der Fettdrüse am Bürzel; der Vogel pickt an der Fettdrüse, die sich dadurch zusätzlich entzündet und rötet.

Mögliche Ursachen: Verstopfung des Fettgangs, Tumor an der Drüse.

Erste Maßnahmen: keine.

Behandlung: den Tierarzt aufsuchen.

Legenot

Symptome: Das Weibchen drückt, als habe es Verstopfung. Ihr Unterbauch ist gerundet, die Federchen um die Kloake stehen leicht ab, die Wachshaut ist hell und glatt. Kann das Ei nicht gelegt werden, wird das Weibchen schwach, sträubt das Gefieder, wippt auffallend mit dem Schwanz, hält die Augen geschlossen und kann schließlich nur noch auf dem Käfigboden sitzen.

Mögliche Ursachen: allgemeine Schwäche, zu kühle Umgebung, erstes Ei oder das Ei hat keine Kalkschale gebildet.

Erste Maßnahmen: Infrarotbestrahlung mit warmen Dämpfen.

Behandlung: Wird das Ei nicht innerhalb

von 1 bis 2 Stunden nach der Wärmebehandlung gelegt, den Tierarzt aufsuchen.

Atembeschwerden

Symptome: Schwäche, Zittern, schweres Atmen, piepsende oder pfeifende Atemgeräusche. Der Vogel hält sich vielleicht mit dem Schnabel am Gitter fest und streckt den Hals, um mehr Luft zu bekommen.
Mögliche Ursachen: Herzschwäche, bei der sich ein Lungenödem bildet; Kreislaufbeschwerden; Atemwege-Infektion; Erkältung durch Temperaturschwankungen, Zugluft, Lungenentzündung.
Erste Maßnahmen: keine.
Behandlung: Möglichst rasch den Tierarzt aufsuchen; beim Transport auf gleichbleibende Temperatur achten.

Kropfentzündung

Symptome: Erbrechen, Niesen, Husten, Kopfschütteln mit oft säuerlich bis übel riechenden Schleimabsonderungen, verklebte Nasenlöcher, verklebte Federn am Kopf, schweres Atmen.
Mögliche Ursachen: Erkältung, Infektionen, Unverträglichkeit der Nahrung.
Erste Maßnahmen: Gefieder lauwarm waschen und gut trockentupfen; unbedingt ununterbrochene Bestrahlung durch Rotlicht; lauwarmen Kamillentee zu trinken geben.
Behandlung: Bleibt der Zustand über 24 Stunden unverändert, unbedingt den Tierarzt aufsuchen; beim Transport auf gleichmäßige Wärme achten.

Gehirnerschütterung

Symptome: plötzliche totale Lähmung oder Bewußtlosigkeit.
Mögliche Ursachen: unglücklicher Sturz oder Aufprall an der Fensterscheibe.
Erste Maßnahmen: Den benommenen Vogel mindestens 24 Stunden im abgedunkelten Käfig ruhigstellen. Den bewußtlosen Vogel weich und dunkel lagern, das Köpfchen höher als den Körper. Ist der Vogel bei Bewußtsein, gleichmäßige Wärme sichern, jedoch keine Bestrahlung.
Behandlung: Möglichst umgehend den Tierarzt aufsuchen; beim Transport auf gleichmäßige Wärme achten und jegliche Erschütterung vermeiden.

Lähmungen

Symptome: leichtes Nachziehen eines Beines oder allmählich zunehmende Bewegungshemmungen.
Mögliche Ursachen: Vitaminmangel – vor allen Dingen Vitamin-B-Mangel –, bei legefreudigen Weibchen Kalziummangel; Gelenkzerrungen, Zerrungen der Nerven, eingewachsener Fußring.
Erste Maßnahmen: Vitaminpräparat ins Trinkwasser geben, frisches Grün und Obst reichen, für Wärme sorgen, aber keine Bestrahlung.
Behandlung: In jedem Fall möglichst bald den Tierarzt aufsuchen.

Krämpfe

Symptome: Zunächst ist meist Schwäche in den Beinen zu bemerken; später Gleichgewichtsstörungen, Torkeln auf dem Boden, Sitzen meist in Bauchlage; stereotype Kopfbewegungen. Im schlimmsten Fall ist der Kopf krampfhaft zum Bauch oder zum Rücken gebogen.
Mögliche Ursachen: Vitamin-B- oder -E-Mangel, bei eierlegenden Weibchen Kalziummangel; Epilepsie, Folgen einer Gehirnerschütterung, Bleivergiftung, Ver-

giftung durch Einatmen von Lösungsmitteln.
Erste Maßnahmen: gleichmäßige Wärme,
unbedingte Ruhe, abgeschirmtes Licht,
keine Bestrahlung.
Behandlung: Sofort den Tierarzt aufsuchen.

Papageienkrankheit (Psittakose)
Symptome: apathisches Verhalten, Durchfall, Schnupfen, Bindehautentzündungen,
Abmagerung, erhöhtes Schlafbedürfnis. Auf
den Menschen übertragen, tritt die Krankheit ähnlich wie eine Lungenentzündung
auf; sofortige Behandlung nötig!
Mögliche Ursachen: Mikroorganismen, die
mit Antibiotika angegangen werden können.
Schlecht gehaltene, abwehrgeschwächte Vögel sind durch Psittakose gefährdet. Die
Krankheitserreger werden mit dem Kot aus-
geschieden, haften im Sand und im Feder-
staub, werden vom flatternden Vogel aufge-
wirbelt und von Käfiginsassen oder von
Menschen eingeatmet. Ältere, kränkelnde
Menschen und Kinder sind besonders durch
eine Ansteckung gefährdet. Aber nicht nur
Papageien und papageienartige Vögel können diese Krankheit übertragen, sondern
auch heimische, gesund erscheinende Vögel,
die den Erreger ausscheiden, selbst jedoch
nicht erkranken. Psittakose oder Ornithose,
wie man sie auch nennt, ist anzeigepflichtig.
Gesetzlich ist eine sechswöchige Quarantäne
vorgeschrieben, in der alle erkrankten Vögel
mit Antibiotika behandelt werden müssen.
Erste Maßnahmen: keine.
Behandlung: Sofort den Tierarzt aufsuchen.

Überlegungen in gesunden Tagen

Lassen Sie sich von den Schilderungen der
möglichen Krankheiten nicht beunruhigen.
Nymphensittiche erfreuen sich in der Regel
einer robusten Gesundheit und erreichen
vielfach ein Alter von 15 bis 20 Jahren. Beobachten Sie Ihren gesunden Vogel genau,
um eine mögliche Unpäßlichkeit sofort feststellen zu können. Ruhe, Wärme, liebevolle
Behandlung und entsprechende Ernährung
helfen über leichte Störungen hinweg. Ver-
säumen Sie nicht die Konsultation des Tierarztes, wenn Ihre ersten Maßnahmen nicht
rasche Besserung bringen. Schnelle und gezielte Behandlung kann lebensrettend sein.
Versuchen Sie bereits in gesunden Tagen einen Tierarzt ausfindig zu machen, der auf
Papageien oder mindestens auf Vögel spezi-
alisiert ist oder wenigstens reiche Erfahrungen in der Vogelheilkunde hat.

Das Töten eines Vogels

Nach dem Gesetz darf nur der Tierarzt ein
Tier töten – und das nur dann, wenn das
Weiterleben des Tieres für andere eine Gefahr bedeutet oder wenn sich das Tier nur
noch quält. Solange aber ein Tier vom Gesetz lediglich als »Sache« betrachtet wird,
kann ein gewissenloser Tierhalter sein völlig
gesundes Tier von einigen Tierärzten gegen
entsprechende Rechnung auch töten lassen,
wenn er die Ausrede gebraucht, er sei gegen
das Tier allergisch. Dieser Schritt bleibt dem
Gewissen des Menschen überlassen. Immer-
hin ist das Töten eines Vogels durch den
Tierarzt die einzig vertretbare Methode,
wenn es schon aus irgendeinem dringenden
Grund sein muß.

Wohin mit dem Vogel, wenn...

Die sonst übliche Freude beim Planen eines Urlaubs wird oft getrübt durch die Frage: Wohin mit dem Nymphensittich?

Am besten für ihn ist es, wenn er daheim in seiner gewohnten Umgebung bleiben kann. Handelt es sich um ein Vogelpärchen, braucht man nicht zu befürchten, daß die alleingelassenen Vögel sich dann einsam fühlen und trauern. Ein Pärchen kann gut durch einen zuverlässigen Pfleger betreut werden, der einmal am Tag, möglichst morgens, die Vögel reichlich versorgt und das Zimmer lüftet. Einen einzelnen Nymphensittich sollten Sie jedoch nicht wochenlang allein lassen. Im Idealfall sollte ein Familienmitglied zu Hause bleiben, um dem Nymphensittich wenigstens stundenweise Gesellschaft zu leisten. Läßt sich das nicht einrichten, bringen Sie den kleinen Kerl zu Freunden oder Verwandten, die ihn zuverlässig betreuen. Wenn er auch beim erstenmal etwas ängstlich auf die neue Umgebung reagiert, kann es gut sein, daß er sie beim zweiten Besuch schon wiedererkennt. Liefern Sie dann aber genügend vom gewohnten Körnerfutter mit, außerdem Sand, das Badehäuschen, Spielzeug und eine Anleitung: besondere Gewohnheiten des Vogels, was er am liebsten an frischer Zusatznahrung mag und was er davon täglich bekommen sollte, ob und wie oft er etwa badet. Vor allem aber müssen Sie daran erinnern, worauf der Pfleger im einzelnen achten muß, um Unfälle zu vermeiden (→ Seite 38 f.).

Wenn sich kein geeigneter Pfleger findet, können Sie den Vogel schon mal für 2 oder 3 Tage allein in der Wohnung lassen. In diesem Fall muß die Körnermischung reichlich auf mehrere flache Schälchen verteilt werden, denn unter den leeren Hülsen sind die Körner für den Nymphensittich nicht mehr erreichbar. Sie können auch einen schon bewährten Futterspender verwenden, vorausgesetzt, der Futterspender funktioniert zuverlässig! Zusätzlich können Sie ihn mit reichlich Kolbenhirse versorgen. Wasser geben Sie in den Wasserspender, der dem Vogel aber vertraut sein muß. Den Vogel für längere Zeit allein in der Wohnung zu lassen, halte ich für völlig unmöglich.

Sollte sich keine annehmbare Lösung finden, so rate ich Ihnen zu einer Kleinanzeige, oder Sie engagieren für die Vogelpflege einen zuverlässigen Studenten oder einen alten Menschen, der bereit ist, gegen Entgelt den Vogel täglich in Ihrer Wohnung zu versorgen. Versuchen Sie auf jeden Fall rechtzeitig, einen zuverlässigen Ersatzpfleger zu finden. In höchster Not setzen Sie sich mit dem Tierschutzverein in Verbindung, der vielleicht nicht selber helfen kann, aber bestimmt Hilfe vermitteln wird.

Und an eines möchte ich auch noch erinnern: Was wird aus dem Nymphensittich, wenn das Leben seines Partners Mensch einmal zu Ende geht? Bedenken Sie deshalb Ihren Nymphensittich in Ihrem Testament und geben Sie auch an, wohin er gebracht werden soll. Die beste Lösung ist in diesem Fall der Tierschutzverein. Unterstützen Sie vielleicht den Tierschutzverein schon jetzt durch ihre Mitgliedschaft.

Nachwuchs beim Nymphensittich

Obgleich Nymphensittiche im Alter von 8 Monaten geschlechtsreif werden, taugen sie als Eltern erst richtig, wenn sie mindestens 1 Jahr alt sind. Jüngere Vögel beginnen zwar gelegentlich bereits mit einer Brut, sind aber oft noch zu ungeschickt oder unfertig, um ihren Nachwuchs auch am Leben zu erhalten. Sollten Sie also ein noch sehr junges Pärchen haben, so entfernen Sie die Eier, die eventuell am Käfigboden abgelegt werden, und stellen Sie erst im »heiratsfähigen« Alter Ihrer Vögel einen Nistkasten auf. Hat ein brutwilliges Paar keinen Nistkasten, so versucht es ohne Erfolg am Käfigboden oder an sonst ungeeigneten Plätzen zu brüten. Das Ergebnis ist meist traurig, die geschlüpften Nestlinge sterben nach wenigen Stunden oder Tagen.

(Wenn Sie ein einzelnes Weibchen besitzen, empfiehlt es sich, die Eier, die es im Abstand von einigen Monaten legt, ebenfalls wegzunehmen.)

Bevor Sie den Nistkasten kaufen, müssen Sie die gesetzlich vorgeschriebene Erlaubnis für die Zucht von Papageien und Sittichen von Ihrer zuständigen Polizeibehörde einholen. Das Gesetz verpflichtet dazu auch Privatpersonen, selbst wenn sie sich nur einmal Nachwuchs von ihrem Nymphenpärchen wünschen.

Das Paar findet zusammen

Wenn Sie Ihrem Einzelvogel einen Partner zugesellen, müssen sich die Vögel an die veränderte Situation gewöhnen und Gefallen aneinander finden. Bald werden Sie bemerken, daß das Weibchen dominiert, auch wenn es seine Vorrechte vielleicht sehr sanft durchsetzt. Die erste Wahl des Schlafplatzes hat das Weibchen, es verdrängt das Männchen vom Futternapf, wenn es selbst essen möchte, es wird je nach Stimmung für einigen Abstand von seinem Partner sorgen oder ihn gebieterisch zum Kraulen des Köpfchens auffordern, wenn es gerade danach Verlangen hat. Ist das Männchen nicht gerade noch im verspielt-draufgängerischen Jugendalter, wird es die Wünsche seiner Zukünftigen respektieren.

Schließlich kehrt friedliche Vertrautheit zwischen beiden Vögeln ein, denn ein Nymphensittichmännchen setzt von Natur aus seinen Willen beim Weibchen niemals mit Gewalt durch, denn es hat eine Angriffshemmung, auf die sich das Weibchen völlig verläßt, ohne selbst diesbezügliche Hemmungen zu entwickeln.

Zusammenlebende Vögel bringen sich zudem gegenseitig in einander entsprechende Stimmungen. Putzt sich beispielsweise einer von beiden, beginnt der andere ebenfalls mit der Gefiederpflege, nimmt einer Ruhestellung ein, folgt der andere alsbald, möchte einer essen oder trinken, will der andere das auch; selbst Einzelvögel beginnen in dem Moment zu essen, wenn ihre menschlichen »Schar«-Mitglieder im gleichen Zimmer am Eßtisch sitzen!

In Freiheit können viele Vögel gleichzeitig am Boden nach Nahrung suchen. In einem Käfig mit nur einem Näpfchen für Körner, nur einer Apfelspalte, nur einem Trinknäpfchen, hat es das Männchen mitunter schwer mit seinen spontanen Gelüsten. Meine Vögel haben deshalb alles doppelt im Käfig und fühlen sich dabei äußerst wohl.

Beide Vögel müssen aber schon einige Zeit beisammen gewesen sein und ausreichend Gelegenheit gehabt haben, miteinander – auch im freien Raum – genügend gemeinsame Erlebnisse zu sammeln, ehe sich aus der Gewöhnung Zuneigung entwickelt, die schließlich zur Verlobung führt.

Balzspiele

Ehe Sie den Dingen ihren Lauf lassen, bedenken Sie noch einmal, daß Sie für die Jungen ebenso verantwortlich sein werden wie für die Eltern. Möchten Sie alle Vögel selbst behalten? Dies ist eine Raumfrage, weitere Bruten wären möglich, außerdem ergäbe es um ein Vielfaches vermehrte Pflegearbeit und erhöhte Kosten.
Können Sie die Jungvögel selbst nicht behalten, so überlegen Sie rechtzeitig, ob sich genügend Bekannte finden, die einen Nymphensittich aus Ihrer Zucht übernehmen möchten. Schließlich wollen Sie Ihre Vögel doch nur Menschen anvertrauen, bei denen Sie sie in bester Obhut wissen.
Wenn Sie keine Nachzucht wünschen, brauchen Sie nur keinen Nistkasten aufzuhängen und die Eier regelmäßig zu entfernen.
Doch zurück zu den Balzspielen: Im Laufe von einigen Monaten wird das Männchen bei allem Respekt vor dem Weibchen immer selbstsicherer, es lernt, seine Grenzen zu respektieren und wirbt trotzdem mehr und mehr um seine Partnerin. Geduldig und hingebungsvoll krault es sie häufig am Köpfchen. Durch lautes Getrommel mit dem Schnabel auf eine harte Unterlage oder durch rhythmisch-melodisches Pfeifen bei leicht abgespreizten Flügeln sucht es ihre Aufmerksamkeit zu erregen. Sie werden außerdem bald ganz neue Flugkünste des Männchens beobachten können; denn der Flug wird Selbstzweck, das Männchen fliegt in möglichst flachen Schleifen durch den

Raum und wechselt häufig mit kunstvollen Schwenkungen die Richtung. Schließlich trippelt der Hahn wiederholt mit aufgestellter Federhaube und mit leicht erhobenen, etwas ausgebreiteten Flügeln um seine Braut herum und stößt dabei kurze verhaltene Laute aus. Anschließend senkt er in leichter Schräglage das Köpfchen, richtet den gespreizten Schwanz nach oben und pfeift dabei laut.

Der Akt der Begattung dauert beim Nymphensittich nur wenige Sekunden.

Auch wenn das Weibchen sein Gebaren scheinbar teilnahmslos beobachtet, bringt er es allmählich – oder auch spontan – in sexuelle Erregung. Ohne besondere Vorbereitungen ihrerseits wird sich die Henne dem Hahn zur Hochzeit darbieten, sich neben ihm in waagerechter Haltung leicht ducken und den Schwanz seitlich richten. Das Männchen steigt auf den Rücken des Weibchens, hält sich mit dem Schnabel lose an den Rückenfedern fest oder zupft an den Federn und läßt seine Schwanzfedern so unter denen des Weibchens kreuzen, daß sich beider Kloaken berühren. Wenn der Hahn

Starten und Landen in einem möblierten Raum ▷
bringen selbst für den fluggewandten Nymphensittich Probleme mit sich.

die Henne also »tritt«, so nennt man die ge-
schlechtliche Vereinigung bei Vögeln, gelangen die männlichen Spermien in die Kloake
des Weibchens. Die Eier werden befruchtet.
Allerdings gibt es keine eindeutigen Er-
kenntnisse, ob eine Befruchtung allen Eiern
eines Geleges gilt oder ob sie für jedes Ei
einzeln erfolgen muß.

Während der nur Sekunden dauernden Vereinigung geben Nymphensittiche ein leicht
singendes Glucksen oder zarte Quietschtöne
von sich, manchmal ertönt auch leises,
schnurrendes Knurren des Männchens, das
beschwichtigend klingt. Danach schütteln
beide Vögel ihr Gefieder und ein jeder beginnt sich ausgiebig zu putzen.

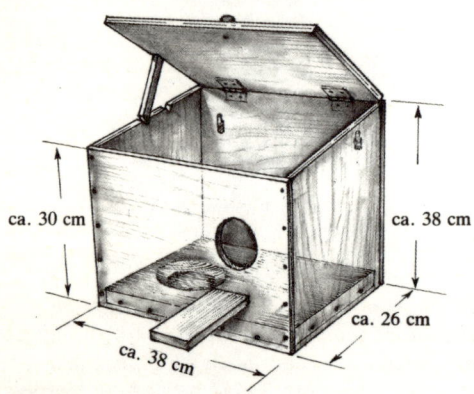

Schlupfloch Ø 8 cm

Brutkasten zum Selberbauen: Mit aufklappbarem Dek-
kel, Anflugbrett, Einschlupfloch, Nistmulde und sicherer
Halterung zum Aufhängen.

Der geeignete Brutkasten

Jetzt müssen Sie dem Paar einen Brutkasten
anbieten. Sie können den Kasten selbst zim-
mern oder im Handel erwerben. Möchten
Sie ihn selbst basteln, so verwenden Sie dafür möglichst gut abgelagertes Holz, damit
sich die Wände bei Raumtemperatur nicht
verziehen, und lassen Sie den Kasten noch
so lange außerhalb der Vogelstube, bis er
nicht mehr nach Leim riecht. Für Nymphensittiche werden Brutkästen im Hochformat
und im Querformat empfohlen. Ich bevor-
zuge die querformatigen, da der Einstieg
dann neben und nicht direkt über der Nestmulde angebracht werden kann. Die Eltern
gelangen so behutsamer auf das Gelege, die
Kontrolle durch den Züchter wird erleich-
tert.

Brutkästen im Querformat sollten folgende
Maße aufweisen: Boden- und Deckelfläche
26 × 38 cm, Höhe 30 cm. An einer Seite der
Längswand bringen Sie im oberen Drittel
das 8 cm große Einschlupfloch an und etwa
4 cm darunter eine Anflugstange oder ein
Anflugbrett. In die Bodenplatte, die am besten doppelt so dick ist wie Deckel und
Wände, muß gegenüber dem Einschlupfloch
eine etwa 12 cm kreisrunde Nistmulde aus-
gestochen werden, damit das Gelege nicht
auseinanderrollt. Der Deckel sollte zur Kontrolle des Geleges aufklappbar sein, aber
fest auf den Seitenwänden liegen. Für einen
Brutkasten im Hochformat gelten die Maße
von 28 × 28 cm für Boden und Deckel und
38 cm für die Höhe. An der Rückwand gegenüber dem Einschlupfloch bringen Sie innen als Kletterhilfe ein Stück Maschendraht
an, dessen Ränder aber verkleidet werden
müssen, damit sich die Nestlinge nicht daran
verletzen können.

Hängen Sie den Brutkasten an die Wand,
am besten im engeren Lebensbereich der
Vögel, gut erreichbar von Kletterbaum und
Käfig. An seiner Rückseite bringen Sie zu-

verlässig haltende Aufhängeösen an, die zu den ebenso sicher angebrachten Haken in der Wand passen. Hängen Sie den Brutkasten nur so hoch, daß Sie ohne Schwierigkeiten manchmal hineinschauen können.

Ist ein Brutkasten vorhanden, so wird er wie alles Neue von beiden Vögeln zunächst aus der Entfernung argwöhnisch betrachtet. Bald aber nähert sich ihm das Weibchen häufig, und legt nach Beginn einer Legeperiode seine 4 bis 6, manchmal sogar 9 Eier im Abstand von zwei Tagen, jedes Ei zu derselben Tageszeit wie die vorherigen.

Gemeinsames Brüten der Eltern

Liegen erst einmal zwei der 5 bis 7 g schweren Eier in der Nistmulde, beginnen beide Vögel zu brüten. Daß Männchen und Weibchen sich beim Brüten ablösen, ist eine Besonderheit der Nymphensittiche, die sie mit den Kakadus gemeinsam haben, die aber von sonst keiner Papageienart bekannt ist. Das Weibchen übernimmt das nächtliche Brüten, das Männchen löst es morgens ab und bleibt bis zum Nachmittag auf dem Gelege. Während der 18 bis 20 Tage lang dauernden Brut sind zeitweilig auch beide Elternvögel am Nest, kurzfristig wird das Gelege aber auch von beiden verlassen, weil sie essen und trinken möchten, Kot absetzen, Flügel oder Beine strecken oder sich putzen müssen.

Brut und Aufzucht der Nestlinge gelingen am besten, wenn die Vögel möglichst wenig gestört und erschreckt werden. Ehe es am Abend dunkel oder das Licht im Zimmer abgeschaltet wird, müssen Sie sich vergewissern, ob das Weibchen im Brutkasten ist, denn im Dunkeln findet es nicht hinein.

Während der Nacht sollte zur Sicherheit, für alle Fälle, eine 15-Watt-Birne den Raum schwach erhellen, damit sich die Vögel stets orientieren können. Der Gefahr des Austrocknens der Eier können Sie durch einen Luftbefeuchter begegnen.

Vorsicht! Keine offenen Gefäße mit Wasser aufstellen, die Elternvögel könnten darin ertrinken! Decken Sie die Gefäße unbedingt ab.

Etwa alle drei Tage wird ein Kontrollblick in den Nistkasten nötig. Schon während des Brütens könnte ein Ei zerbrechen, das Sie dann entfernen und von dessen Spuren Sie die übrigen Eier säubern sollten. Auch sehr zahme Nymphensittiche werden aber aggressiv, wenn Sie sich ihrem Nest nähern. Deshalb zur Kontrolle stets einen Augenblick wählen, in dem sich beide Eltern nicht in der Nähe aufhalten. Sie werden Ihr Tun dann zwar ängstlich beobachten, aber nicht abwehrend nach Ihnen hacken.

Sollten Sie einmal unbedacht den Deckel des Brutkastens öffnen, während ein Altvogel brütet, so werden Sie von seinem wehrhaften Verhalten überrascht sein. Mit weitgeöffnetem Schnabel zischt Ihnen Ihr Nymphensittich warnend entgegen, wobei er beide Flügel abstellt und sich schaukelnd hin- und herbewegt.

Während des Brütens sollten Sie den Eltern spezielles Aufzuchtfutter anbieten, das aus wertvollen und wichtigen Substanzen besteht. Außerdem können Sie den Vögeln zusätzlich hartgekochtes Ei mit Zwiebackmehl gemischt und in Milch aufgeweichtes Weißbrot mit Quark und viel gekeimte Körner geben. Achten Sie darauf, daß das Futter niemals direkt aus dem Kühlschrank kommt und daß es nicht zu lange steht, da die sehr eiweißreiche Nahrung rasch verdirbt. Bieten

Nachwuchs beim Nymphensittich

Sie Ihren Vögeln reichlich Kolbenhirse an. Gewöhnen Sie die Vogeleltern beizeiten an das Zusatzfutter, dann werden die Jungen besonders hochwertig ernährt werden.

Die Jungen schlüpfen

Etwa ab dem 20. Tag nach Brutbeginn schlüpfen die Jungen in der Reihenfolge der Eiablage. Jetzt wird die Kontrolle des Nestes besonders wichtig und muß sehr vorsichtig erfolgen. Sie sollten täglich sehr behutsam so viel Kot wie möglich aus dem Kasten entfernen, denn die Eltern tragen den Kot nicht – wie viele Singvögel – aus dem Nest. Außerdem kann es vorkommen, daß einer der Nestlinge tot ist und herausgenommen werden muß. Beim täglichen Blick in die Kinderstube sehen Sie zunächst in der Nestmulde ein Knäuel von Nestlingen, zwischen denen noch intakte Eier liegen. Schließlich schlüpft das kleinste und wird von den älteren Geschwistern bedeckt. Die schweren Köpfe der Jungen liegen in den ersten Tagen auf dem Boden. Die großen Augen, noch fest von den Lidern bedeckt, sind schon zu erkennen. Das gelbe Erstlingskleid aus Daunen bedeckt Rücken und Bauch, der Hinterkopf ist noch kahl. Etwa 3 cm lang ist so ein frischgeschlüpfter Nymphensittich und wiegt am 1. Lebenstag 4 bis 5 g, am 21. Tag 60 g und nach 4½ Wochen, wenn sie das Nest verlassen, sind die Nestlinge mit etwa 80 g fast so schwer wie ihre Eltern. In dieser Zeit machen sie eine erstaunliche Entwicklung durch. Während sie von beiden Eltern unentwegt gefüttert und bis zum 10. oder 12. Lebenstag fast ununterbrochen gehudert, das heißt unter die Flügel genommen werden, verändern sie sich äußerlich rasch. Die anfangs rosig-fleischfarbenen Krallen und Füße werden schon nach dem 11. Tag bläulich. Die Wachshaut wird von da ab dunkler, die Schnabelspitze färbt sich bräunlich, und nach weiteren 4 Tagen ist der ganze Schnabel grau und hart. Bereits am 4. Tage beginnen sich die Augen zu öffnen und sind am 10. Tag völlig offen. Zur gleichen Zeit fällt der Eizahn ab. Schon nach 10 Tagen kann man die ersten Blutkiele erkennen. Das gelbe Erstlingskleid wird zwischen dem 17. und dem 21. Tag durch graue Daunen ersetzt. Nach 18 Tagen finden Sie eine Andeutung des späteren roten Wangenflecks, und die Haube aus noch in den Hülsen steckenden Federn wird bei Erregung schon aufgestellt. Nach etwa 4 Wochen gleicht der Jungvogel im Aussehen einem erwachsenen Weibchen. Nach der ersten Vollmauser, die 5 bis 9 Monate nach dem Schlüpfen erfolgt, werden die farblichen Unterschiede der Geschlechter erkennbar.

Die Nestlinge können im Alter von 10 Tagen wie ihre Eltern warnend zischen, wenn sie beunruhigt sind. Wenig später fauchen sie, stellen ihre Miniaturfederhauben auf, spreizen ihre Flügelchen und wiegen sich dabei hin und her. Bald danach hacken die Jungen nach der Hand des Pflegers. Nach 4½ bis 5 Wochen verlassen sie nacheinander den Brutkasten und kehren nicht mehr dorthin zurück. Doch zunächst hocken die »Ausgeflogenen« noch auf dem Boden und lassen sich von ihren Eltern füttern.

Die Aufzucht der Vogelkinder

Jetzt sollten Sie unter dem Brutkasten einen Tummelplatz für die Jungen herrichten. Ent-

Nachwuchs beim Nymphensittich

weder Sie breiten eine Sandschicht auf dem Fußboden aus oder Sie setzen die Jungen gleich in den Käfig, doch müssen sie genügend Gelegenheit haben, das Fliegen zu üben. In einer Voliere sollten Sie Zweige in das Maschengitter stecken, damit die Jungen die Begrenzung erkennen und nicht mit Wucht dagegen fliegen. Im Zimmer läßt es sich kaum vermeiden, daß sie bei den ersten Flugversuchen nicht rechtzeitig abbremsen und gegen die Wand fliegen und herunterpurzeln. Glücklicherweise haben sie noch zu wenig Schwung, um sich ernstlich dabei zu verletzen. Trotzdem wäre es gut, auch im Zimmer durch viele gut befestigte starke Zweige geeignete Anflugplätze für die Vögel zu schaffen. Bei 4 bis 6 oder gar 8 Jungvögeln ist der Käfig ohnehin zu klein. Außerdem braucht jeder Vogel genügend Platz auf einer Sitzstange oder auf einem Ast, um immer wieder durch rasches Flügelschlagen seine Flugmuskeln zu stärken. Im Zimmer können Sie dafür in den ersten Wochen auch dicke Elektrokabel in unterschiedlicher Höhe spannen.

Noch etwa 2 Wochen nach Verlassen des Brutkastens betteln die Jungen durch bestimmte Laute um Futter, dabei ducken sie sich tief vor dem Altvogel. Danach können sie zwar selbständig Nahrung aufnehmen, betteln aber trotzdem weiterhin mit Erfolg ihre Eltern an. Frühestens 3 Wochen nach Verlassen des Brutkastens, spätestens vor der nächsten Brut der Eltern, sollten die Jungvögel von ihren Eltern getrennt werden. Besonders wenn die Jungen das Nest verlassen haben, wird es recht turbulent in Ihrem Zimmer zugehen, aber trotz vermehrter Arbeit, Fürsorge und sicher auch mancher Sorge werden Ihnen diese Wochen als glückliches Erlebnis in Erinnerung bleiben.

Während der Aufzucht der Jungen kann es jedoch zu Störungen kommen, denen Sie sicherlich begegnen möchten. Sind die Jungen geschlüpft und ein Elternteil stirbt, so versucht der Überlebende in jedem Fall die Kinder allein zu füttern und zu hudern. Verläßt der Alleinversorger das Nest zu lange oder zu oft, müssen Sie versuchen, den Brutkasten besonders warm zu halten (Rotlicht, starke Elektrobirne darauf richten). Werden die Kleinen zu wenig gefüttert, können Sie versuchen, sie selbst zu füttern. Dafür brauchen Sie eine Einwegspritze aus der Apotheke. Die Kanüle umhüllen Sie zum Schutz des empfindlichen Schlundes der Jungvögel mit einem Stückchen Gummi von einem Fahrrad-Ventilschlauch. Nun träufeln Sie jedem Nestling im Abstand von etwa 2 Stunden eine lauwarme Mischung aus Babykost, Weichfutter, zerdrücktem, hartgekochtem Eigelb, geriebenen Möhren und kleingehackter Petersilie oder Vogelmiere in den Schnabel. Später füttern Sie sie mit dem Löffel und geben Sie eine gröbere Nahrungsmischung.

Noch eine weitere Gefahr: Haben alle Nestlinge den Brutkasten verlassen, müssen Sie sie sorgfältig beobachten. Es kann vorkommen, daß eines der Jungen von den Eltern etwas vernachlässigt wird. Es wirkt apathisch, hat beim Fliegen Schwierigkeiten oder wagt es überhaupt nicht. Auch wenn ein solchermaßen benachteiligter Jungvogel keinen kranken Eindruck macht – er plustert nämlich nicht – sollten Sie ihn vorsichtig greifen und versuchen, ihn zu füttern. Oft hat er nach wenigen Tagen aufgeholt.

Nymphensittiche verstehen lernen

Die Familie

Die folgende Aufstellung soll Ihnen helfen, den Nymphensittich in seiner Familie einzuordnen. Natürlich kann die Gliederung nur in großen Zügen gegeben werden, da sie sonst viele Seiten füllen würde.

I. Klasse: Vögel (*Aves*)

II. Ordnung: Papageien (*Psittaciformes*)

III. Familie: Papageien (*Psittacidae*)

Die Familie der Papageien gliedert sich nach K. Kolar, Grzimeks Tierleben, in 7 Unterfamilien, die wiederum 75 Gattungen und 326 Arten mit 816 Unterarten umfassen.

VI. Unterfamilien:

1. Nestorpapageien *(Nestorinae)*
2. Borstenköpfe *(Psittrichasinae)*
3. Kakadus (*Kakadoeinae*)
4. Spechtpapageien (*Micropsittinae*)
5. Loris (*Trichoglossinae*)
6. Eulenpapageien (*Strigopinae*)
7. Echte Papageien (*Psittacinae*)

Die Unterfamilie »Echte Papageien« umfaßt wiederum folgende Gattungsgruppen:

a. Keilschwanzsittiche (*Araini*); zu ihnen gehören die Aras oder Araras = Ara,

b. Stumpfschwanzpapageien (*Psittacini*), ihre bekanntesten Vertreter sind die Amazonen und der Graupapagei.

c. Wachsschnabelpapageien (*Loriini*); mit den Edelsittichen wie den Pflaumenköpfchen, den Unzertrennlichen, den Rosenköpfchen.

d. Fledermauspapageien (*Loriculini*); mit nur wenigen Arten wie Rotkäppchen oder Blaukrönchen.

e. Plattschweifsittiche (*Platycercini*); mit den Laufsittichen, Wellensittichen, Grassittichen, Singsittichen, Ringsittichen, Schwalbensittichen und »Plattschweifsittichen im engeren Sinne«.

Zu den »Plattschweifsittichen im engeren Sinne« stellen namhafte Ornithologen den Nymphensittich.

Die Anatomie des Nymphensittichs

Der Nymphensittich (*Nymphicus hollandicus*) wird auch Kakadusittich genannt. Er ist mittelgroß, vom Schnabel bis zur Schwanzspitze 29 bis 34 cm lang und wiegt 80 bis 100 g. Fast die Hälfte seiner Körperlänge entfällt auf die Schwanzfedern, die, ebenfalls typisch für die Gattung, von außen nach innen länger werden und von der Seite gesehen wie eine lange Platte wirken. Ober- und Unterschnabel der Nymphensittiche sind nach Papageienart gebogen, kräftig ausgebildet, und der Oberschnabel ist gelenkig mit dem Schädel verbunden. In der Wachshaut an der Wurzel des Oberschnabels sitzen die Nasenlöcher. Die starken Läufe hat der Vogel mit vielen Papageien gemeinsam, ebenso wie die Stellung der Zehen, von denen je 2 nach vorne und 2 nach hinten gerichtet sind. Diese äußerst beweglichen Greiforgane befähigen die Vögel zum Klettern und viele Arten auch zum Greifen von Nahrung und von Gegenständen, die mit dem starken Schnabel bearbeitet werden. Für Gespräche mit Vogelkundigen, mit dem Zoofachhändler und dem Tierarzt sollten Sie die Anatomie Ihres Vogels und die richtigen Bezeichnungen aller Körperpartien genau kennen. Wir stellen Ihnen deshalb den Nymphensittich im Detail durch folgende Schemazeichnung vor:

Nymphensittiche verstehen lernen

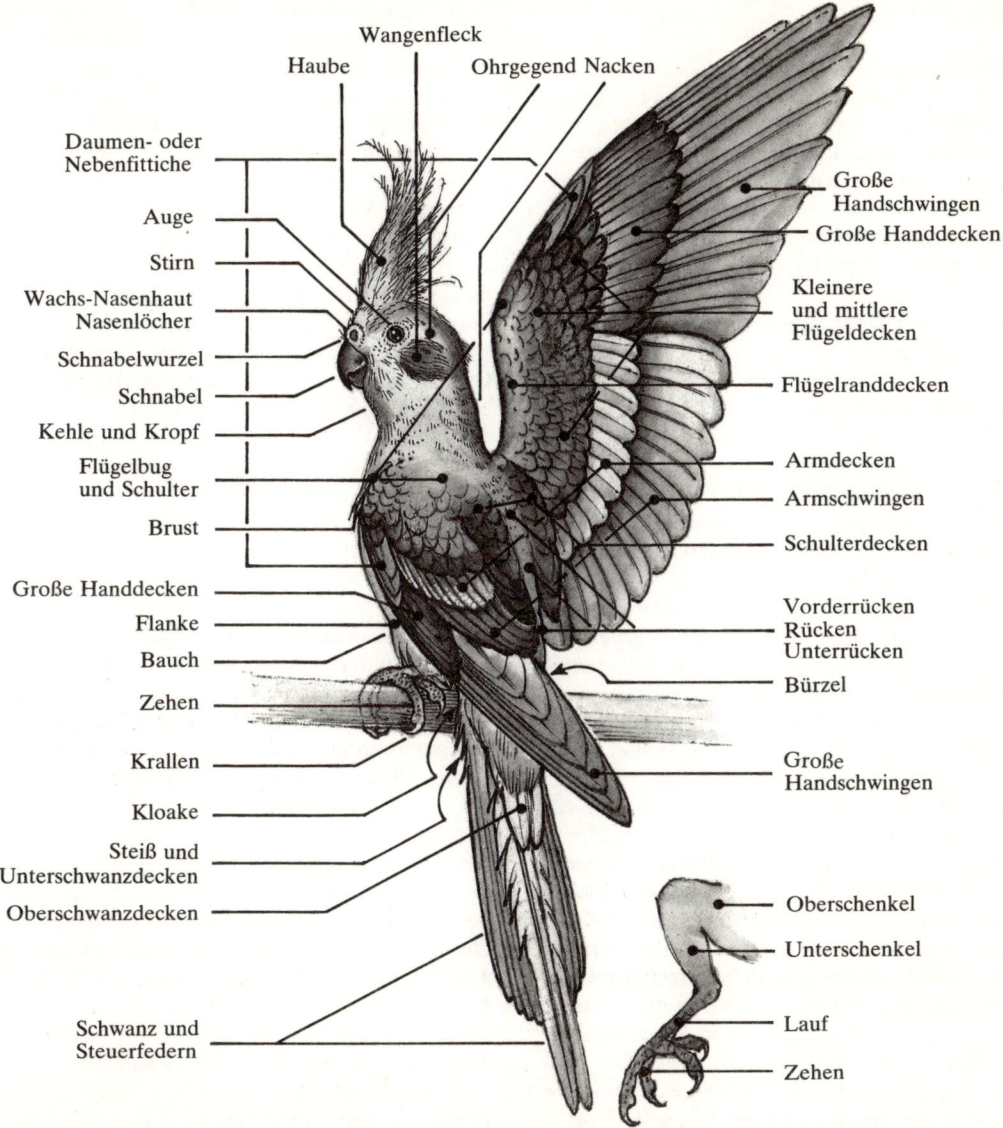

Wangenfleck
Haube
Ohrgegend Nacken

Daumen- oder
Nebenfittiche

Auge

Stirn

Wachs-Nasenhaut
Nasenlöcher

Schnabelwurzel

Schnabel

Kehle und Kropf

Flügelbug
und Schulter

Brust

Große Handdecken

Flanke

Bauch

Zehen

Krallen

Kloake

Steiß und
Unterschwanzdecken

Oberschwanzdecken

Schwanz und
Steuerfedern

Große
Handschwingen

Große Handdecken

Kleinere
und mittlere
Flügeldecken

Flügelranddecken

Armdecken

Armschwingen

Schulterdecken

Vorderrücken
Rücken
Unterrücken

Bürzel

Große
Handschwingen

Oberschenkel

Unterschenkel

Lauf

Zehen

Was ist wo an einem Nymphensittich? Die Kenntnis der Nymphensittich-Anatomie ist vor allem für das Gespräch mit dem Tierarzt wichtig.

Nymphensittiche verstehen lernen

Die fünf Sinne

Der Geruchssinn

Am wenigsten wissen wir über die Leistung der *Riechorgane,* doch lassen Beobachtungen vermuten, daß der Nymphensittich riecht und mit den Gerüchen negative und positive Eindrücke verbindet. So hat man beispielsweise bemerkt, daß Nymphensittiche schon bei mäßiger Rauchentwicklung oder bei chemischen Gerüchen unruhig wurden und den für Angst typischen Ton von sich gaben.

Der Tastsinn

Der *Tastsinn* des Nymphensittichs ist den Bedürfnissen seines Lebens im Freien angepaßt. Füße und Beine sind relativ unempfindlich, vor allem die Unterseite der Zehen nimmt ohne besondere Reaktion den Kontakt mit rauhen, spitzen oder scharfkantigen Gegenständen hin. Die Berührung der Zehenoberseite wird dagegen mit Ausweichen, Zurückziehen beantwortet. Der Vogel entzieht sich also allem, was ihn festhalten, an der Flucht hindern könnte.
Ein hervorragendes *Tastorgan* besitzt der Nymphensittich mit seiner Zunge. Mit ihr kann er Nahrung, Gegenstände und die Beschaffenheit des Gefieders sowie der Haut prüfen, Brauchbares von Unbrauchbarem, Schädliches vom Unschädlichem unterscheiden. Ebenso feinnervig reagiert seine Körperhaut auf die Gefiederpflege des Partners. Benimmt sich der gerade »Diensttuende« ungeschickt, berührt er empfindliche Stellen oder nestelt er zu früh an eben sprießenden neuen Federkielen, zuckt der »Mißhandelte« zurück, stößt einen kurzen Protestschrei aus und hackt warnend nach dem Partner.

Der Geschmackssinn

Dem *Geschmackssinn* der Zunge kommt keine sehr große Bedeutung zu, da das Nahrungsangebot im natürlichen Lebensraum des Nymphensittichs beschränkt ist. Die Jungvögel lernen von den Eltern, eine bekömmliche Auswahl zu treffen und erweitern ihren Konsum im Laufe des Lebens durch Erfahrung. Dabei spielt der Geschmackssinn eine gewisse Rolle, denn eventuell ungenießbare oder giftige Substanzen, die die Zunge nicht schon dank ihres Tastsinnes ausgesondert hat, können über den Geschmack erkannt werden. Als Heimvögel entwickeln Nymphensittiche sogar ausgesprochene Vorlieben und Abneigungen in bezug auf die Nahrung. Eines aber haben wohl alle Heimvögel gemeinsam: Sie sind geradezu gierig nach Salz. Das hat sicher etwas mit der nicht völlig naturgemäßen Ernährung zu tun und ist durchaus verständlich, wenn man bedenkt, daß in der Freiheit von Boden und Pflanzen salzige Substanzen aufgenommen werden. Wenn Sie Ihren Nymphensittich manchmal an einem Salzstein oder an einer Salzbrezel knabbern lassen, so kann er damit einen – wenn auch unerheblichen – Mangel ausgleichen.

Das Hörvermögen

Das Hörvermögen des Nymphensittichs ist gut ausgebildet, kann sich aber nicht mit dem der Hunde messen. Der Vogel nimmt Geräusche in denselben Tonbereichen auf wie der Mensch, unterscheidet vertraute und fremde Laute und reagiert entsprechend mit Erschrecken, Angst, Neugier oder Freude. Viele Nymphensittiche hören gerne Musik und bevorzugen dabei bestimmte Instrumente; so liebt das Pärchen Toni und Wutzi Violinkonzerte, wobei sie sich wohlig an den

Nymphensittiche verstehen lernen

Bezug der Lautsprecherbox schmiegen. Andere Vögel haben sich an das Gesumm des Staubsaugers gewöhnt und begleiten es mit für ihn eigens erfundenen Lauten. Manche Vögel erkennen das Zuschlagen der Autotür oder den Klang der Wohnungstür und verbinden damit folgerichtig die Rückkehr eines gerne erwarteten Menschen.

Das Sehvermögen

Das Sehen ist bei vielen Vögeln der am besten ausgebildete Sinn, und das trifft speziell auf die Nymphensittiche zu. Sie lieben die weite Sicht von erhöhten Plätzen aus, weil ihr hervorragendes Sehvermögen den besten Schutz gegen Feinde garantiert. Als Heimtiere werden sie gerade dadurch oft irritiert, denn sie sehen jede kleinste Veränderung und beantworten oft harmlose Vorgänge mit Ängstlichkeit oder mit Fluchtverhalten. Andererseits weckt jede Neuerung auch ihre ausgeprägte Neugierde. Sie beäugen mit hochgestelltem Schopf unbekannte Gegenstände, eine neue Umgebung oder fremde Menschen. Selbst sehr zahme, also mit Menschen vertraute Nymphensittiche scheuen vor Fremden, und dies nicht nur während der ersten Stunden, sondern sie bleiben einige Wochen lang mißtrauisch, wenden sich aber ohne Furcht und Zögern sofort dem bekannten Pfleger zu, sobald dieser wieder auftaucht. Der vertraute Pfleger kann sie aber in Angst versetzen, wenn er vielleicht in ungewohnter Kleidung oder sonst auffällig verändert vor ihnen erscheint. Nymphensittiche können auch »Freunde« haben, also Menschen oder Tiere immer wieder als vertrauenswürdig erkennen, obgleich diese nicht ständig mit ihnen leben und die Vögel sie nur ausnahmsweise zu sehen bekommen. Ebenso ergeht es mit einer anderen Umge-

bung, in die man den Vogel zum Beispiel während des Urlaubs bringt. Mußte er sich beim ersten Aufenthalt etwas ängstlich eingewöhnen, erkennt er beim zweiten Besuch alles wieder und fühlt sich rasch heimisch.

Der kräftige, gebogene Oberschnabel des Nymphensittichs ist durch ein Gelenk, der kürzere Unterschnabel fest mit dem Schädel verbunden.

Gewandtheit und Gefiederpflege

Der Nymphensittich ist nicht nur der gewandteste und schnellste Flieger unter den australischen Sittichen, er ist auch ein ausgezeichneter Kletterkünstler. Die nach vorne und hinten gerichteten Zehen befähigen ihn, zusammen mit seinem kräftigen Schnabel, zu komplizierten Klettereien. So kann er mit weit vorgerecktem Hals mit dem Schnabel einen Halt ergreifen und, ein Bein nach dem andern nachholend, eine Distanz überbrücken, die andere Vögel nur fliegend meistern würden. Außerdem kann der Nymphensittich den Kopf um 180 Grad drehen, so daß sein Blick mit einer Kopfwendung ein vollständiges Panorama sichernd erfassen kann.

Nymphensittich-Verhaltensweisen 1: Abwehrreak- ▷
tion. Der Gelbe droht dem Grauen, weil dieser
auf seinen Schwanz getreten ist.

Mit seinem Schnabel erreicht er dank seiner
akrobatischen Beweglichkeit alle Körperpartien zur gründlichen Gefiederpflege; lediglich die Pflege des Kopf- und Halsgefieders
überläßt er seinem Partner oder bearbeitet
es behelfsweise mit den Zehen. Die Gefiederpflege nimmt einen beachtlichen Teil im
Leben eines Vogels ein. Jede der vielen tau-
send Federn wird sorgfältig durch den
Schnabel gezogen, dabei geglättet, vom
Staub befreit und wieder und wieder einge-
fettet. Selbst die langen Federn der Schwin-
gen und des Schwanzes gleiten der Länge

Um sich am Kopf zu kratzen, führt der Nymphensittich
den Fuß nicht direkt, sondern unter dem Flügel hindurch
zum Kopf.

nach durch den Schnabel, wobei sich die
Vögel in äußerst graziöse Posituren bege-
ben. Das benötigte Fett, das die Federn ge-
schmeidig und wasserabstoßend hält, ent-
nimmt der Vogel während des Putzens wiederholt mit dem Schnabel der Bürzeldrüse.

Das Köpfchen fettet er sich, es drehend und
wendend, direkt an der Bürzeldrüse ein, die
am Ende des Rückens oberhalb des Ansat-
zes der Schwanzfedern sitzt.
Kratzt sich ein Nymphensittich am Kopf,
führt er das aktive Bein nicht direkt, sondern unter dem Flügel hindurch nach oben.
Diese Eigenart teilen Nymphensittiche mit
vielen anderen Vogelarten, zum Beispiel mit
einer Gruppe von Papageien, ja selbst mit
Singvögeln. Ob die Art des sich »Hintenherum«-Kratzens ein stammesgeschichtliches
Merkmal darstellt, wird von den Ornithologen unterschiedlich beurteilt: Manche sehen
darin ein Relikt der einstigen Reptilien, andere bezweifeln diese Annahme, da es Nestlinge von sich »hintenherum« kratzenden Eltern gibt, die sich noch »vorneherum« kratzen.

Laute und Rufe als Intelligenzbeweise

Wer seinen Nymphensittich gut beobachtet
und sich viel mit ihm beschäftigt, wird vieles
von dem verstehen, was der Vogel mit seiner Körpersprache und durch seine Laut-
äußerungen auszudrücken vermag. Vor allem
wird er verstehen können, wenn der Vogel
etwas Bestimmtes will, wenn er sich freut,
sich vor etwas ängstigt oder sich einsam
fühlt und Anteilnahme fordert. Nymphensittiche sind intelligent und entwickeln erstaunliche angeborene sowie erlernte Verhaltensweisen.
Ein aufmerksamer und hörbegabter Beobachter wird sehr rasch bemerken, wie unterschiedlich die Rufe klingen. Schreit ein
vereinsamter Einzelvogel in unangenehmer
Lautstärke wie irrsinnig – im wahrsten Sinne
des Wortes – ein ganzes Haus zusammen, so

◁ Nymphensittich-Verhaltensweisen 2: Futterneid.
Oben: Der Graue droht, weil der Gelbe auch an
der Kolbenhirse picken will.
Unten: Der Gelbe gibt auf und knabbert aus Ver-
legenheit am Fichtenzweig (Übersprungsreaktion).

nützt ein zufriedener Nymphensittich die geringe Modulationsfähigkeit seiner Stimme
doch verständlich, man kann sagen, vernünftig. Der bekannte Pfleger, vertraute Perso-
nen oder auch Tiere werden häufig mit einem freudigen Laut begrüßt, während ihnen
beim Verlassen des Zimmers ein eher resi-
gnierter Ton nachgesandt wird. Zu dem
Nymphenpärchen einer jungen Frau kommen beispielsweise manchmal zwei Katzen
zu Besuch in die Wohnung. Die Katzen ängs-
tigen die Vögel keineswegs, sie beobachten
sie aus ihrem Käfig heraus unter Aufsicht
und finden Gefallen an ihrer Gegenwart.
Entfernen sich die gelangweilten Katzen
aber, so erheben die beiden Nymphen ein
Protestgeschrei, das sich ausdrucksstark von
anderen Stimmäußerungen unterscheidet.
Bemerkenswert ist, daß viele Nymphensittiche antworten, wenn man sie ruft. Entweder
reagiert der gerufene Vogel mit dem Lockruf, mit dem sich Vogelpartner von unter-
schiedlichen Sitzplätzen aus verständigen,
oder ein Einzelvogel hat von seinem Pfleger
für diesen Zweck einen besonderen Pfiff er-
lernt. Seine gute Beobachtungsgabe läßt den
Nymphensittich auch genau erkennen, wenn
der Pfleger Anstalten macht, den Raum zu
verlassen; frei im Zimmer lebend, wird er
dann sofort mit dem entsprechenden Laut
auf dessen Schulter fliegen.
Die Unterhaltung eines Nymphenpärchens
besteht stimmlich hauptsächlich aus Lock-
rufen, und zwar, wenn beide sich an verschiedenen Plätzen befinden, was ihnen
widernatürlich zu sein scheint. Meist ruft das
Männchen so lange, bis das Weibchen neben
ihm landet. Zögert das Weibchen mit dem
Abflug, wird es in kürzester Zeit vom
Männchen besucht und bald danach abgeholt. Dabei ertönt unzählige Male der ein-

deutige Lockruf. Sind beide Vögel vereint,
verstehen sie sich ohne Stimmäußerungen.
Bei Aktivitäten eines Pärchens ist stets das
Männchen führend. Es erprobt zuerst die
günstigsten Landeplätze, prüft unbekannte
Gegenstände auf ihre Gefährlichkeit oder
Nützlichkeit und teilt seiner Partnerin durch
augenfälliges Besitzergreifen und wieder-
holte Lockrufe die neuen Errungenschaften
mit. Er ist es auch, der in gefährlichen Situationen droht, faucht, eventuell sogar
beißt, während sie nur zögernd drohend und
fauchend hinter ihm zurückweicht.
Als Einzelvogel im engen Kontakt mit Menschen lebende Nymphensittiche haben be-
greiflicherweise noch mehr Gelegenheit, ihre
Intelligenz auf das Zusammenleben mit
Menschen auszurichten. Sie begreifen Vorgänge aus dem täglichen Leben und lernen
die Ursachen bestimmter Wirkungen erkennen. So kapierte Koko, mein Nymphensittich, genau den Sinn meines Diktiergerätes.
Der Vogel konnte außer »Hänschen klein«
noch einen speziellen Pfiff, den er etwa
zwanzigmal hintereinander in gleicher Ton-
höhe hervorbrachte. Meist ließ er diese indi-
viduelle Tonfolge auf dem – vergitterten –
Balkon aus purer Lebensfreude erklingen.
Diktierte ich aber ins Mikrophon des Band-
gerätes, kam Koko sofort auf den Schreib-
tisch, um mich mit seiner Stimme erfolgreich
zu übertönen. Die Schreibdamen monierten
dann amüsiert die störende Geräuschkulisse.
Wutzi, Tonis Partner, beweist auf andere
Art Intelligenz. Müssen beide Vögel zurück
in den Käfig, so genügt es, Toni den Handrücken hinzuhalten. Sie weiß, daß sie auf
der Hand ins Bauer gesetzt wird und läßt es
folgsam geschehen, während der etwas wi-
derspenstige Wutzi auf den Schrank oder die
Lampe flüchtet. Ist die sonst geduldige Pfle-

gerin aber in Eile, nimmt sie einfach Toni samt dem Käfig, geht zur Tür und sagt »Auf Wiedersehen, Wutzi, Toni und ich gehen fort«! Und schon stürzt Wutzi mit dem typischen Angstschrei auf den Käfig und begehrt unzweideutig Einlaß. Offenbar erscheint es ihm unerträglich, allein gelassen zu werden!

Aktivitäten, Stimmungen, Reaktionen

Die Federhaube des Nymphensittichs erweist sich als gutes Stimmungsbarometer. Steht sie senkrecht mit leicht nach hinten gerichteter Spitze auf dem Scheitel seines Köpfchens, so ist der Vogel aktiv, unternehmungslustig, an seiner Umgebung interessiert, bereit, sich seinem Partner zuzuwenden oder sich pfeifend mit leicht abgestellten Flügeln zu produzieren. Fehlt der Vogelpartner, den er putzen könnte, wird der Einzelvogel vielleicht zart an der Hand eines vertrauten Menschen knabbern. Erhält er in dieser Stimmung zuwenig Aufmerksamkeit oder Zuwendung, versucht er sich möglicherweise durch Imponieren ins gewünschte Licht zu setzen: Mit leicht abgestellten Flügeln trippelt er zunächst wie bei der Balz im Kreis, um den Körper mit weit ausgebreiteten Flügeln und hochgestelltem Schwanz abwärts zu neigen, wobei er das Objekt seiner Zuneigung nicht aus den Augen läßt. Andere Aktivitäten bestehen in Rundflügen und häufigem Wechsel der möglichst hoch gelegenen Sitzplätze, im Erproben bisher wenig bekannter Landeplätze, im Knabbern an Tapeten, Mauerkanten oder Pflanzen. Erlahmen Interesse und Geschäftigkeit allmählich und kehrt gelassene Ruhe ein, so legt sich die Federhaube fast waagerecht auf

Normal hochgestellte Federhaube (links): Der Nymphensittich ist neugierig und unternehmungslustig. Fast waagerechte Stellung der Federhaube (rechts): Der Vogel ist in beschaulicher Stimmung.

Straff aufgerichtete Federhaube mit nach vorne weisenden Spitzen (links): Der Vogel ist äußerst erregt und verteidigungsbereit. Schlägt diese Erregung in fauchenden Angriff oder furchtsames Zurückweichen um, dann legt sich die Federhaube sogleich waagerecht, ist dabei aber so gespannt, daß selbst die Spitzen gerade nach hinten stehen (rechts).

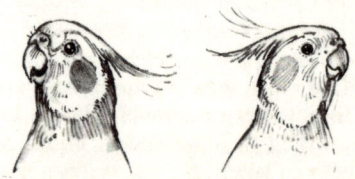

Bei großer Angst des Vogels beschreiben die Spitzen der Federhaube eine leichte Rundung nach oben, wobei sie leicht vibrieren (links). Ist die furchtsame Erregung gelassener Beschaulichkeit gewichen, dann liegt die Federhaube wieder waagerecht auf dem Scheitel (rechts).

Nymphensittiche verstehen lernen

den Scheitel, nur ihre Federspitzen ragen am Hinterkopf empor. In dieser Stimmung betreibt der Vogel gerne gründliche Gefiederpflege, beknabbert Beine und Zehen, streckt nacheinander die Beine weit nach hinten und hebt schließlich beide Flügel senkrecht hoch. Diese Streckübungen kann man auch nach einer Ruhephase als Auftakt zu erneuter Munterkeit beobachten.

Geht die stille Phase in Schläfrigkeit über, so vergräbt der Vogel schließlich den Schnabel im leicht geplusterten Rückengefieder, schließt die Augen, nimmt nicht mehr teil am Geschehen um sich her und beginnt zu schlafen. Schläft er tief, so versteckt er meistens auch noch ein Bein im Bauchgefieder. Ist die Federhaube aber straff aufgerichtet – ihre Spitzen weisen fast nach vorne –, so ist der Nymphensittich in äußerster Erregung! Vielleicht sieht er erschreckt, aber neugierig etwas Unbekanntes und befindet sich daher in angespannter Wachsamkeit oder er droht fauchend, fast furchtlos gegen einen vermeintlichen Feind. Ein derart alarmierender Einsatz aller Sinne ist kräftezehrend und kann nur sekundenlang andauern. Daher löst sich diese energiegeballte Stimmung alsbald in aktivem Reagieren. Wenn möglich, flieht der Vogel oder er drückt sich verängstigt in eine Ecke seines Käfigs und beobachtet weiterhin die Vorgänge um sich herum. Möglicherweise erkennt er den Grund der Erregung auch als harmlos und beginnt zu essen oder wechselt nur den Platz. Bleibt aber begründete Furcht bestehen, so mischt sich diese mehr und mehr mit Angst; der Vogel legt die Federhaube wieder zurück wie in ruhiger Gelassenheit, doch sieht man dabei die Federspitzen leicht vibrieren. Jetzt droht er zischend mit zurückgelegtem Köpfchen und wird im näch-

sten Moment hacken, wenn ihm der Fluchtweg versperrt ist oder wenn es darum geht, den Partner oder das Nest zu verteidigen. So fließend wie die beschriebenen Stellungen der Federhaube ineinander übergehen,

Durch »Schütteln« versucht der Nymphensittich, sich von einer vorangegangenen Anspannung zu befreien.

so gleitend ist der Wechsel der Stimmungen. Nur eines zeigt deutlich, wenn sich der Vogel von einer vorangegangenen, negativen oder positiven, Anspannung befreit: Er schüttelt sich von Kopf bis Schwanz, so daß man die Federn rauschen hört. Ist er geringfügig irritiert, sei es durch unangenehme, aber bekannte Geräusche, durch störende Lichteinwirkung oder durch unliebsame Vorgänge, so reagiert er mit leichtem Zukken der Maskenfedern – eine bemerkenswerte Besonderheit der Nymphensittiche. Wenn Sie ein Pärchen haben, so werden Sie bemerken, daß beide Vögel stets gleicher Stimmung sind. Furcht und Erregung, Neugier und Schläfrigkeit, die Lust zu essen und zu trinken, sich oder den anderen zu putzen, teilen sich augenblicklich dem Partner mit.

Nymphensittiche verstehen lernen

Oft vollführen beide gleichzeitig dieselbe Bewegung, stellen sich in dieselbe Positur, so daß der Eindruck einer kunstvoll geprobten Szene entsteht. Meist leben die Partner in Harmonie, Mißverständnisse werden mit kurzem Drohen und angedeutetem Nach-dem-anderen-Hacken erledigt, das Schütteln danach löst alle Probleme.

Halten Sie nur einen Nymphensittich, so bedenken Sie, was dieser sanfte Vogel an Partnerschaft vermissen muß. Er wird dann weitgehend die Harmonie mit Ihnen suchen und ruhen, wenn auch Sie nicht aktiv sind, essen, wenn Sie in seiner Gegenwart speisen, pfeifen, flöten oder singen, wenn auch Sie gesprächig sind. Den Wunsch, gekrault zu werden, können auch nur Sie Ihrem Nymphensittich erfüllen. Kraulen Sie ihn, wenn er dazu in Stimmung ist, am Köpfchen, am Hals oder wo er es wohlig genießend geschehen läßt. Wenn er den Finger dabei scheut, probieren Sie es mit Ihrer Nasenspitze! Aber erschrecken Sie ihn nicht durch rauhes Streicheln gegen den Strich, das empfindet kein Vogel als angenehm. Tasten Sie sich behutsam zum Ansatz der Federn vor und streichen Sie zart seitwärts allmählich zur nächsthöheren Reihe der Kiele übergehend.

Die Heimat der Nymphensittiche

Nymphensittiche bevorzugen offene weite Landschaften, sie meiden geschlossene Wälder, finden Nahrung, Aufenthaltsmöglichkeiten und Brutgebiete in offenen Savannen mit Eukalyptusbäumen, in der Strauchsteppe und in wüstenähnlichen Gegenden, die vorwiegend von Spinifexgras bewachsen sind. Bevorzugt halten sie sich an den mit hohen Bäumen bestandenen »Creeks«, Bach- und Flußläufen, die nur periodisch Wasser führen, auf.

Durch die klimatischen Verhältnisse in ihrem Lebensraum sind Nymphensittiche an trockene Hitze gewöhnt. Durchschnittlich steigt das Thermometer in den Mittagsstunden auf 30 bis 45 Grad C, während es in den Nächten zeitweilig unter 0 Grad C sinkt. Das allmähliche Absinken der Temperatur schadet den Nymphensittichen nicht, dagegen leiden sie und können tödlich erkranken, wenn es plötzlich zu krassen Temperaturstürzen kommt. Während der heißen Stunden bleiben Nymphensittiche passiv, wodurch der Sauerstoffbedarf und damit die Verdunstung der Körperfeuchtigkeit eingeschränkt werden. In den kühleren Morgen- und Nachmittagsstunden legen die Vögel weite Flugstrecken auf der Suche nach Nahrung und Wasser zurück. In regenarmen Perioden finden sie lediglich trockene Gras- und Kräutersamen. Mit den Samen nehmen die Vögel auch groben Sand auf, der als Verdauungshilfe wirkt. An blühenden Bäumen und Sträuchern beobachtete man Nymphensittiche, die den Nektar der Blüten oder kleine Insekten zu sich nahmen. Das Trinkbedürfnis der Nymphensittiche scheint größer zu sein als das anderer australischer Sittiche. Die Vögel kommen alle 1 bis 3 Stunden zum Trinken an die Wasserstellen. Da sie am Boden stets unruhig und ängstlich sind, trinken sie dort hastig, oft im Flug, und baden nur ausnahmsweise. Fällt aber Regen, so hängen sie am hohen Geäst kopfunter mit weitausgebreiteten Flügeln und genießen das Regenbad.

Nymphensittiche fliegen geradlinig und sehr schnell in größeren Höhen und lassen dabei helle zweisilbige Laute hören, die wie »quil-

Nymphensittiche verstehen lernen

quil« klingen. Im Schwarm halten sie eng zusammen, wobei wahrscheinlich die weißen Flügelbinden ein optisches Signal setzen. Verblüfft berichten Beobachter über die senkrechte Landung; die Vögel lassen sich zu Boden fallen, bremsen kurz vor dem Boden ab und landen rasch. Bei der Nahrungssuche auf dem Boden fliegen sie schon bei geringfügigen oder vermeintlichen Störungen panikartig auf, um möglichst abgestorbene Äste hoher Bäume und Sträucher aufzusuchen. Dort bietet ihr graues Gefieder als Tarnfarbe Schutz, da sie sich kaum von den grauen Ästen abheben, und das übersichtliche Blickfeld vermittelt Sicherheit. Die einzige Verteidigung der Nymphensittiche gegen lebensbedrohende Feinde ist die Flucht – sie sind von allen Sitticharten die schnellsten Flieger.

Feinde, auf die Nymphensittiche von Natur aus reagieren, sind Greifvögel. Die Gefahr droht also von oben, weshalb exponierte Aussichtspunkte bevorzugt werden. Leider haben verwilderte Hauskatzen auf der Jagd nach australischen Sittichen leichtes Spiel, weil ihre Abwehrreaktionen gegen den anschleichenden Bodenfeind nicht ausreichen. Ein zweiter Feind – wenn auch kein Freßfeind – erwuchs den Nymphensittichen in den erst in neuerer Zeit eingebürgerten Staren. Sie machen den verträglichen Nymphen die Bruthöhlen streitig und siegen sogar in Kämpfen, wenn ein Nymphensittich bereits auf dem vollständigen Gelege brütet.

So lebt der Nymphensittich in der Natur

Während die Brutzeit anderer Vogelgruppen von der Länge der Tage, also vom Sonnenstand abhängig ist, haben die gefiederten Nomaden des australischen Inlandes keinerlei periodisch wiederkehrende Zeiten für ihre Brutgeschäfte. Alle hormonellen Vorgänge, die Balz und Brutstimmung bewirken, stellen sich beim Nymphensittich dann ein, wenn eine Regenperiode beginnt oder wenn er auf seinen ausgedehnten Wanderungen Gebiete erreicht, in denen kurz zuvor andauernde Regenfälle niedergingen. Die sonst ausgetrocknete Vegetation erwacht mit dem Regen zu neuem Keimen und Wachsen. Nur nach nennenswerten Regenfällen finden Nymphensittiche ein reichliches und längerwährendes Angebot an halbreifen Samen und Keimlingen vor, das für die Aufzucht ihrer Jungen unerläßlich ist. Sie scheinen sogar über eine geheime »Antenne« zu verfügen, denn sie treffen bereits Vorbereitungen für die Brut, wenn der Regen noch bevorsteht.

Im Brutgebiet herrscht dann lebhaftes Treiben. Die Nymphenpaare suchen geeignete Bruthöhlen, die gegebenenfalls erweitert und deren Einfluglöcher vergrößert werden müssen. Möglichst hoch gelegene Astlöcher und kleine Höhlen in abgestorbenen Bäumen werden bevorzugt, denn die Vögel brauchen auch während des Brütens ungehinderte Sicht. Der Boden der Bruthöhle wird höchstens mit Mulm bedeckt, der beim Erweitern des Nestes anfällt; Nistmaterial im eigentlichen Sinne wird von außen nicht eingetragen.

Die Nymphensittiche teilen das Brutgebiet mit Wellensittichen und Kakadus. Jede Art sucht nach für sie geeigneten Brutplätzen. Die offenkundige Geschäftigkeit mit gleichem Ziel steigert bei allen Vögeln die Balzstimmung und die Brutbereitschaft. So liegen rechtzeitig – oft schon vor dem Einsetzen des Regens – 4 bis 7 Eier in der Brut-

Nymphensittiche verstehen lernen

höhle, die im Abstand von 2 Tagen, meist vormittags, gelegt werden. Wenn die dreiwöchige Brutdauer vorüber ist, hat der Regen die Natur ausreichend belebt, um den Nestlingen genügend Erstlingsnahrung zu sichern. Gleichzeitig erhalten auch die Vogeleltern vitamin- und eiweißreiche Nahrung aus den halbreifen Samen und Keimlingen. Das Männchen brütet tagsüber und das Weibchen während der Nacht. Der nichtbrütende Partner nützt die freien Stunden für die eigene Nahrungssuche und bewacht die Bruthöhle aus nächster Nähe. Nach dem Schlüpfen werden die Jungen von beiden Eltern pausenlos bis zu 5 Wochen in der Höhle gefüttert. Das Nest wird von den Eltern nicht rein gehalten, wie das von anderen Vogelgruppen bekannt ist. Die Natur hat aber trotzdem für Hygiene gesorgt: Kleine Schmetterlingsraupen leben in den Bruthöhlen und ernähren sich vom Kot der Nestlinge.

Nach dem Ausfliegen werden die jungen Nymphensittiche von beiden Eltern noch einige Wochen lang betreut und gefüttert. Beginnt das Weibchen mit einem neuen Gelege, werden die inzwischen selbständigen Jungen sich mehr und mehr selbst überlassen. Sie haben dann die Größe ihrer Eltern erreicht, tragen noch ihr Jugendkleid, sind aber völlig an das Leben eines Nymphensittichs in der freien Natur angepaßt. Allerdings werden die australischen Nymphensittichkinder nicht wie in Gefangenschaft schon nach Ablauf des 1. Lebensjahres, sondern erst nach dem 2. Lebensjahr geschlechtsreif. Diese verlängerte Jugendzeit ist begründet; denn solange das günstige Nahrungsangebot anhält, bleibt die Nymphenschar im Brutgebiet und zieht nach der ersten möglichst noch eine zweite, selten noch eine dritte Brut groß. Erst mit nachlassender Vegetation wandern die Vögeln in kleineren Gruppen – aber nicht in strengen Familienverbänden – in andere Gebiete ab und treffen dort mit anderen Scharen zusammen. Dort haben die Jungen die Möglichkeit, gleichaltrigen, nichtverwandten Vögeln ihrer Art zu begegnen und Brautschau zu halten.

Nymphensittiche kennen sich persönlich, das heißt die Vögel einer Schar kennen sich untereinander als Individuen. Männchen und Weibchen finden nicht willkürlich als Paare zusammen, sondern sie verloben sich schon länger vor der Brutreife aus echter Neigung und bleiben dann lebenslänglich treu und zärtlich aneinanderhängend zusammen. Sichtbares Zeichen ihrer Zusammengehörigkeit ist die gegenseitige Gefiederpflege. Während der Brut sind die Paare auf sich selbst gestellt, danach bleiben sie festverpaart in ihrer Schar. Nur der Tod eines Partners kann den anderen dazu veranlassen, sich neu zu vermählen. Immer aber ist die Neigung ausschlaggebend für die Paarbildung. Nymphensittiche können gegen Artgleiche auch Antipathie entwickeln, was eine Ehe mit Sicherheit verhindern würde. Wer hier einwendet, daß dieses Phänomen in Gefangenschaft selten zu beobachten ist, weil oft Einzelvögeln willkürlich ein Partner zugesellt wird, ohne daß es zu Ablehnung und Aggressionen kommt, den möchte ich an zwei auf einer einsamen Insel gestrandete Menschen erinnern: Sie mögen sich unsympathisch sein, aber sie werden miteinander auskommen, sich aneinander gewöhnen und sich gegenseitig ihr Los erleichtern. In großen Gesellschaftsvolieren dagegen läßt sich feststellen, daß Nymphensittiche bei der Paarbildung differenzierte Neigungen kennen und nach ihnen leben.

Die reich illustrierten Heimtier-Ratgeber – auch für Kinder geeignet

Rat und Hilfe für alle, die ein Tier versorgen. Leicht verständliche Texte, viele reizvolle Farbfotos und Zeichnungen machen den Tierhalter zum Experten für sein Tier. Auch für Kinder bestens geeignet. Jeder Band mit 72 Seiten, 50–60 Farbfotos, Tierzeichnungen. Paperback.

Horst Bielfeld
Meerschweinchen
Alles über Anschaffung, Pflege, Ernährung und Krankheiten. Mit Sonderteil: Meerschweinchen verstehen lernen.

Helga Braemer/Ines Scheurmann
Aquarienfische
Alles über Süßwasser-Aquarien, die Auswahl der Fische und ihre Pflege. Mit Sonderteil: Fische verstehen lernen.

Petra Deimer
Papageien
Alles über Anschaffung, Eingewöhnung, Ernährung und Krankheiten. Mit Sonderteil: Papageien verstehen lernen.

Leni Fiedelmeier
Dackel
Rauhhaar-, Kurzhaar-, Langhaardackel. Alles über Aufzucht, Pflege, Ernährung und Krankheiten. Mit Sonderteil: Dackel richtig erziehen.

Otto von Frisch
Der Beo
Alles über Anschaffung, Eingewöhnung, Ernährung und Krankheiten. Mit Sonderteil: Beos verstehen lernen.

Otto von Frisch
Kanarienvögel
Alles über Anschaffung, Pflege, Krankheiten, Ernährung und Gesang. Mit Sonderteil: Kanarienvögel verstehen lernen.

Helga Fritzsche
Hamster
Goldhamster, Zwerghamster, Gerbile. Alles über Anschaffung, Pflege, Ernährung und Krankheiten. Mit Sonderteil: Hamster verstehen lernen.

Helga Fritzsche
Katzen
Alles über Anschaffung, Pflege, Ernährung und Krankheiten. Mit Sonderteil: Katzen verstehen lernen.

Helga Fritzsche
Igel als Wintergäste
Alles über Unterbringung, Pflege, Ernährung und Krankheiten. Mit Sonderteil: Igel verstehen lernen.

Helga Fritzsche
Kaninchen
Alles über Anschaffung, Pflege, Ernährung und Krankheiten. Mit Sonderteil: Kaninchen verstehen lernen.

Ulrike Müller
Langhaarkatzen
Perser und andere Langhaar-Rassen. Alles über Anschaffung, Pflege, Ernährung und Krankheiten. Mit Sonderteil: Katzen verstehen lernen.

Hans-J. Ullmann, E. Ullmann
Pudel
Kleinpudel, Zwerg- und Toy-Pudel, Königspudel. Alles über Anschaffung, Erziehung, Ernährung und Krankheiten. Mit Sonderteil: Pudelschur und Fellpflege.

Hans-J. Ullmann, E. Ullmann
Spaniels
Alles über Aufzucht, Pflege, Ernährung und Krankheiten. Mit Sonderteil: Spaniels verstehen lernen.

Hartmut Wilke
Schildkröten
Alles über Anschaffung, Pflege, Ernährung und Krankheiten. Mit Steckbriefen der wichtigsten Land- und Wasserschildkröten.

Annette Wolter
Wellensittiche
Alles über Anschaffung, Pflege, Ernährung und Krankheiten. Mit Sonderteil: Wellensittiche verstehen lernen.

Gräfe und Unzer Verlag

Sachregister

Die *kursiv* gesetzten Seitenzahlen verweisen auf Farbbilder.

**Adressen,
die weiterhelfen**

Fragen zur Tierhaltung
beantworten:
Zentralverband Zoologi-
scher Fachgeschäfte
Deutschlands e. V.,
Postf. 1324, 6057 Diet-
zenbach 1, Telefon
(0 60 74) 2 40 97–98

Industrieverband Heim-
tierbedarf (IVH) e. V.,
Leostraße 22, Postfach
110432, 4000 Düssel-
dorf 11, Telefon (02 11)
57 21 54